Lehr- und Handbücher
zu
Sprachen und Kulturen

Herausgegeben
von
José Vera Morales
und
Martin M. Weigert

Bisher erschienene Werke:

Baumgart · Jänecke, Rußlandknigge
Rathmayr · Dobrušina, Texte schreiben und präsentieren auf Russisch
Schäfer · Galster · Rupp, Wirtschaftsenglisch, 11. Auflage

Монологическая речь для изучающих
русский язык
На примерах из экономической лексики
По-русски с немецким подстрочным словарем

Texte schreiben und präsentieren auf Russisch

Fachgebiet Wirtschaft

In russischer Sprache mit
deutschen Randvokabeln

Von
ord. Universitätsprofessorin
Dr. Renate Rathmayr
und
Dr. Ekaterina Dobrušina

R. Oldenbourg Verlag München Wien

Die Deutsche Bibliothek - CIP-Einheitsaufnahme

Rathmayr, Renate:
Monologičeskaja reč' dlja izučajuščich russkij jazyk : na primerach iz ėkonomičeskoj leksiki ; po-russki s nemeckim podstročnym slovarem = Texte schreiben und präsentieren auf Russisch / von Renate Rathmayr ; Ekaterina Dobrušina. - München ; Wien : Oldenbourg, 1997
ISBN 3-486-24252-0

© 1997 R. Oldenbourg Verlag
Rosenheimer Straße 145, D-81671 München
Telefon: (089) 45051-0, Internet: http://www.oldenbourg.de

Das Werk einschließlich aller Abbildungen ist urheberrechtlich geschützt. Jede Verwertung außerhalb der Grenzen des Urheberrechtsgesetzes ist ohne Zustimmung des Verlages unzulässig und strafbar. Das gilt insbesondere für Vervielfältigungen, Übersetzungen, Mikroverfilmungen und die Einspeicherung und Bearbeitung in elektronischen Systemen.

Gedruckt auf säure- und chlorfreiem Papier
Gesamtherstellung: Druckhaus "Thomas Müntzer" GmbH, Bad Langensalza

ISBN 3-486-24252-0

INHALTSVERZEICHNIS

VORWORT IX

TEIL 1. DAS VERFASSEN VON TEXTEN ZUM FACHGEBIET WIRTSCHAFT 1

Kapitel 1. Materialsuche 1
   1.1. Bücher und Zeitschriften 1
   1.2. Wirtschaftsinformationen im Internet 2
   1.3. Interviews und Befragungen 2
   1.4. Quellenangaben 3

Kapitel 2. Textproduktion 6
   2.1. Titel 6
   2.2. Struktur 7
   2.3. Einleitung 10
   2.4. Hauptteil – Argumentation 14
   2.5. Schluß 15

Kapitel 3. Besonderheiten einiger Textsorten 17
   3.1. Dossier 17
   3.2. Zusammenfassung 18
   3.3. Seminar- und Diplomarbeit 22

TEIL 2. TECHNIK DER MÜNDLICHEN PRÄSENTATION AUF DEM FACHGEBIET WIRTSCHAFT 30

Kapitel 4. Unterschiede zwischen mündlicher und schriftlicher Kommunikation 30

Kapitel 5. Die Zuhörerschaft faszinierendes Sprechen 34
   5.1. Freies Sprechen 34
   5.2. Adressatengerechtes Formulieren 36
   5.3. Präzise Strukturierung 38
   5.4. Besonderheiten der akustischen Rezeption 40

Kapitel 6. Erzeugung und Bewahrung des Kontakts zur Zuhörerschaft ... 45
   6.1. Begrüßung und Dank 45
   6.2. Sich Vorstellen 46

6.3. Kontakt zur Zuhörerschaft 47
6.4. Höflichkeit und Selbstbewußtsein in der Diskussion 48

Kapitel 7. Fragen des Auftretens **60**
7.1. Bedeutung der nonverbalen Kommunikation 60
7.2. Empfehlungen für das nonverbale Verhalten bei der Präsentation 60

Kapitel 8. Einsatz von Illustrationsmaterialien **64**

TEIL 3. TECHNIKEN DER KONTAKTAUFNAHME ZU RUSSINNEN UND RUSSEN 67

TEIL 4. ÜBUNGEN UND UNTERRICHTSMATERIALIEN FÜR LEHRENDE 76

Kapitel 9. Übungen **76**

Kapitel 10. Beispieltexte in russischer Sprache **78**

Kapitel 11. Beispieltexte in deutscher Sprache **94**

Kapitel 12. Wirtschaftsvorlesung **99**

Kapitel 13. Zusammenfassende Übersichten **120**

VERZEICHNIS DER BENÜTZTEN UND EMPFOHLENEN LITERATUR 124

Оглавление

ПРЕДИСЛОВИЕ .... **XI**

ЧАСТЬ ПЕРВАЯ. ТЕХНИКА СОСТАВЛЕНИЯ ТЕКСТА НА ЭКОНОМИЧЕСКУЮ ТЕМУ **1**

Глава 1. Где искать материал? **1**
   1.1. Где искать книги и периодические издания? 1
   1.2. Как искать экономическую информацию в интернете? 2
   1.3. Интервьюирование и анкетирование 2
   1.4. Как организовать ссылки на источники? 3

Глава 2. Составление текста **6**
   2.1. Название работы 6
   2.2. Структура 7
   2.3. Введение 10
   2.4. Основная часть – аргументация 14
   2.5. Заключение 15

Глава 3. Каковы особенности текстов некоторых жанров? **17**
   3.1. Реферат 17
   3.2. Резюме 18
   3.3. Курсовая и дипломная работы 22

ЧАСТЬ ВТОРАЯ. ТЕХНИКА УСТНОГО ВЫСТУПЛЕНИЯ НА ЭКОНОМИЧЕСКУЮ ТЕМУ **30**

Глава 4. Чем устное сообщение отличается от письменного? **30**

Глава 5. Как говорить, чтобы услышали? **34**
   5.1. Говорите, а не читайте! 34
   5.2. Ориентируйтесь на слушателя! 36
   5.3. Структурируйте как можно четче! 38
   5.4. Учитывайте особенности слухового восприятия! 40

Глава 6. Как найти и сохранить контакт с аудиторией? **45**
   6.1. Поздоровайтесь в начале и поблагодарите в конце! 45
   6.2. Обязательно представьтесь! 46
   6.3. Заботьтесь о контакте со слушателями! 47
   6.4. Будьте вежливы и уверены в себе во время дискуссии! 48

Глава 7. Как держаться? 60
   7.1. Что такое невербальная коммуникация? 60
   7.2. Какие невербальные факторы надо учитывать? 60

Глава 8. Как иллюстрировать? 64

ЧАСТЬ ТРЕТЬЯ. ТЕХНИКА КОНТАКТИРОВАНИЯ С РУССКИМИ 67

ЧАСТЬ ЧЕТВЕРТАЯ. УПРАЖНЕНИЯ И МАТЕРИАЛЫ ДЛЯ ПРЕПОДАВАТЕЛЯ 76

Глава 9. Упражнения 76

Глава 10. Тексты на русском языке 78

Глава 11. Тексты на немецком языке 94

Глава 12. Лекция на экономическую тему 99

Глава 13. Резюмирующие таблицы 120

СПИСОК ИСПОЛЬЗОВАННОЙ И РЕКОМЕНДУЕМОЙ ЛИТЕРАТУРЫ 124

Vorwort

Die Fähigkeiten, packende Reden zu halten sowie fesselnde Texte zu schreiben, sind Garanten einer aufmerksamen Zuhörer- und Leserschaft. Geschäftlichen, wissenschaftlichen oder anderen Präsentationen und Vorträgen hört man bis zum Schluß interessiert zu, und auch gut geschriebene Texte werden zu Ende gelesen und verstanden. Wir wollen das rhetorische und präsentationstechnische Rüstzeug bieten, um Ziele und Überzeugungen auf russisch effektiv und effizient darzubieten, sei es für berufliche Zwecke, sei es auch für das Bestehen von Prüfungen.

Wir behandeln Techniken und Strategien der schriftlichen (Teil 1) und mündlichen (Teil 2) monologischen Rede, die unabhängig vom konkret abgehandelten Inhalt Gültigkeit haben, z.B.: logischer Aufbau, klare, im mündlichen explizit gemachte Struktur, stringente Argumentation, konsequente Einbeziehung der Adressatengruppe auch in den monologischen Text, Fragen der Höflichkeit, des Auftretens und der nonverbalen Kommunikation. In graphisch hervorgehobenen Kästchen wird in der für alle Beispiele verwendeten Kursivschrift für die einzelnen Aspekte relevantes sprachliches Material dargeboten, das themenunabhängig einsetzbar ist. Der Vertiefung der mündlichen und schriftlichen Präsentationsfähigkeiten sind die Übungen und Illustrationsmaterialien gewidmet (Teil 4). Da in den Anwendungssituationen interkulturelle Kommunikation stattfindet, haben wir auch Besonderheiten der Kontaktaufnahme und -pflege mit russischen PartnerInnen und AdressatInnen einbezogen (Teil 3).

Das vorliegende Buch wendet sich an Studierende der russischen Sprache an unterschiedlichen Fakultäten sowie AbsolventInnen und PraktikerInnen, die Fähigkeiten auf den Gebieten des Verfassens von Sachtexten sowie in der mündlichen Präsentation erwerben bzw. vervollkommnen wollen, sei es im Selbststudium, sei es gemeinsam mit einer Lehrperson. Die Beispiele stammen aus dem boomenden Bereich der Wirtschaft und basieren auf Video- und Tonbandaufnahmen russischer Wirtschaftstreibender und ÖkonomieprofessorInnen, die am Institut für Slawische Sprachen der Wirtschaftsuniversität Wien erstellt wurden. Die Inhalte können aber beliebig ausgetauscht werden, da die kommunikativen Strategien problemlos auf linguistische, literaturwissenschaftliche, physikalische und andere Gebiete übertragbar sind. Die am Schluß angegebene zitierte und empfohlene Literatur ist auf die im Zentrum stehende sprech- und schreibtechnische Thematik beschränkt, enthält daher keinerlei ökonomische Titel.

Die Lektüre unseres Textes setzt mindestens zwei Jahre Russischunterricht und einen soliden Vokabelschatz voraus. Dennoch sind am rechten Rand einige Wörter angegeben und genügend freier Platz, damit Sie andere unbekannte Vokabeln selbst dazuschreiben können. Wir geben jeweils einen im konkreten

Kontext passenden Übersetzungsvorschlag an, dabei sind Verba im Infinitiv, Substantiva im Nominativ angeführt. Äquivalente Redewendungen und andere freiere Übersetzungen sind in Anführungszeichen gesetzt. Um den Text nicht zu entstellen, sind die übersetzten Wörter nicht unterstrichen, wir sind jedoch sicher, daß es nicht schwerfallen wird, sie richtig zuzuordnen, sogar in den seltenen Fällen, wo aus Platzgründen ein zweites, dieselbe Zeile betreffendes Wort erst eine Zeile später angegeben wird. Varianten sind durch Beistrich (Komma) getrennt, Übersetzungen unterschiedlicher Wörter in der selben Zeile durch Strichpunkt (Semikolon).

Das Buch basiert auf Lehrunterlagen, die sich in den letzten Jahren in der Praxis bewährt haben. Es ist das Ergebnis einer sehr befriedigenden interkulturellen Zusammenarbeit, zu der es auch selbst befähigen möchte.

Wir danken Alexander Titov und Edgar Hoffmann, die uns bei der Erstellung des Layouts wertvolle Hilfe geleistet haben, A. Smirnov, der das Kapitel "Zusammenfassung" beigetragen hat, V. Terent'ev, der der wörtlichen Publikation seiner Vorlesung zugestimmt hat, und V. Andreev sowie S. Jakovlev, die uns in wirtschaftlichen Fragen wervolle Auskünfte gegeben haben.

Wien, im Jänner 1997   Renate Rathmayr, Ekaterina Dobrušina

Предисловие

Умение хорошо составить текст сообщения и правильно преподнести его слушателям гарантирует внимание аудитории. Только тщательно продуманные и удачно поданные выступления дослушиваются до конца и остаются в памяти адресатов. Создавая эту книгу, мы ставили перед собой цель описать различные риторические, психологические и технические приемы, помогающие эффективно и убедительно провести устный доклад на русском языке, будь это научная, профессиональная или учебная презентация.

В книге будут описаны техника и стратегия, используемые при создании письменных (*часть первая*) и устных (*часть вторая*) текстов. Речь пойдет о таких приемах, которые можно использовать независимо от конкретного содержания текста: например, о том, как логично и последовательно организовать текст, как эксплицитно структурировать устное сообщение, как составить убедительную аргументацию, как учесть психологию адресатов при монологической речи.

Так как книга адресована в первую очередь тем, кто составляет свои выступления на русском языке, не являясь его носителем, то *третья часть* данной книги будет посвящена проблемам межкультурной коммуникации: в ней будут обсуждаться некоторые стороны контакта представителей западной культуры с русскими партнерами.

Мы надеемся, что упражнения и иллюстративные материалы, помещенные в *четвертой части*, помогут заинтересованным читателям сформировать у себя умение составлять тексты и выступать перед аудиторией.

Для изучающих русский язык в книгу введено большое количество речевых моделей, которые удобно использовать при написании и проведении докладов. Подобные модели выделены курсивом и помещены в рамки.

Предлагаемая книга обращается как к студентам, изучающим русский язык на разных факультетах, так и к тем, кто уже окончил учебу, но хочет усовершенствовать свое умение проводить устные сообщения на русском языке. Книгу можно использовать как учебное пособие и для самостоятельной работы, и для занятий с преподавателем.

Все примеры, приводимые в книге, взяты из бурно развивающейся в настоящее время области экономики и часто базируются на видео и магнитофонных записях речи и поведения российских деловых людей или преподавателей экономики, сделанных сотрудниками Института славянских языков

Венского экономического университета. Впрочем, коммуникативные стратегии не зависят от предметной области и могут быть легко перенесены на любые другие научные и деловые области, например, такие, как лингвистика, физика, политика или бизнес.

Помещенный в конце книги список цитируемых и рекомендуемых источников ограничивается литературой, посвященной описанию стратегии письменной и устной речи, и не содержит никаких указаний на экономические источники.

Книга рассчитана на читателей, изучающих русский язык не менее двух лет и имеющих достаточно большой запас слов. Тем не менее, на полях даются переводы на немецкий язык наиболее сложных слов и оставлено достаточно свободного места, чтобы читатель мог сам приписать необходимые ему переводы. Мы, как правило, предлагаем только один наиболее подходящий в данном контексте перевод, притом глаголы приводятся в инфинитиве, а существительные в именительном падеже. В некоторых случаях после запятой приводится вариант, перевод же второго слова на одной строке отделен точкой с запятой. Идиоматические обороты и другие недословные переводы выделены кавычками. Чтобы не затруднять восприятие текста, переведенные слова не подчеркиваются, но мы уверены, что будет нетрудно понять, чему соответствует перевод, даже в тех немногих случаях, когда, по техническим причинам, второе из слов, относящихся к одной строке, дается на строчку ниже.

В книгу вошли дидактические материалы, проверенные в последние годы на практике во время семинарских занятий в Институте славянских языков Венского экономического университета. Данная книга имеет целью способствовать успешности межкультурного общения и при этом сама является результатом подобного очень плодотворного сотрудничества.

Мы выражаем глубокую признательность А. Титову и Э. Хоффманну, помогавшим при обработке и форматировании текста, А.Смирнову, составившему раздел "Резюме", В.Терентьеву, разрешившему дословную публикацию своей лекции, и В. Андрееву и С. Яковлеву за консультирование в экономических вопросах.

Вена, январь 1997.   Рената Ратмайр, Екатерина Добрушина

Часть первая.
Техника составления текста на экономическую тему

Глава 1. Где искать материал?

Основные источники информации при поиске   Quelle; Suche
материала для экономической работы следующие:

- книги
- периодические издания (газеты и журналы)
- Интернет
- интервьюирование и анкетирование.

1.1. Где искать книги и периодические издания?

Предлагаем здесь список тех библиотек Вены, в которых можно найти русские книги на экономические темы и русские периодические издания (данные на весенний семестр 1997 года):

- Bibliothek des Instituts für Slawische Sprachen der WU Wien, Augasse 9/IV: Mo 13-16.30, Di 9-12.30, Mi 9-12 und 17-20, Fr. 9-12.30
- Bibliothek der WU Wien, Augasse 2-6: Mo-Fr 9-19
- Bibliothek des Forschungsinstitutes für mittel- und osteuropäisches Wirtschaftsrecht (FOWI) der WU Wien, Althanstraße 39-45/5/5, Mo-Mi, 9-12, Do 9-12, 13-16, Fr 9-12
- Fachbibliothek für Ost- und Südosteuropaforschung der Universität Wien, Liebiggasse 5/II: Mo-Fr 9-16
- Bibliothek des Österreichischen Ost- und Südosteuropa-Institutes, Augustinerstr. 12: Mo-Do 8-16.30, Fr. 8-14
- Institut für osteuropäische Geschichte der Universität Wien, Liebiggasse 5/II. Stock: Mo-Fr 9-16
- Russisches Kulturzentrum, Brahmsplatz 8: Mo, Fr 15-18, Mi 9-12.

Если вы готовите вашу работу в Москве, то удобнее всего работать в Ленинской Библиотеке (теперь она переименована и называется РГБ - Российская Государственная библиотека, но москвичи по-прежнему называют ее "Ленинкой" и ближайшая станция метро также называется "Библиотека им. Ленина") или в Библиотеке иностранной литературы (ВГИБЛ - расположена между станциями метро "Таганская" и "Китай-город"). Чтобы записаться в эти библиотеки, надо иметь с собой паспорт и фотографию.

umbenennen

nächstgelegene

sich einschreiben

- РГБ - Российская Государственная библиотека, тел. для справок 202-57-90.
- ВГИБЛ - Всесоюзная Государственная библиотека Иностранной Литературы, Николоямская ул., д.1, тел. 915-36-36.

1.2. Как искать экономическую информацию в интернете?

Экономическую информацию в интернете удобно искать через страницу, расположенную по адресу:

http://www.wu-wien.ac.at/wwu/institute/slawisch/nutz.html

1.3. Интервьюирование и анкетирование

Очень ценным материалом, превращающим учебную студенческую работу в экономическое исследование, может стать самостоятельно проведенное интервьюирование или анкетирование.

verwandeln

durchführen

Но, готовясь к анкетированию, имейте в виду, что русские фирмы и предприятия могут отнестись к просьбе ответить на вопросы присланной анкеты с меньшим вниманием, чем западные. Для того, чтобы с большей вероятностью получить ответ на ваше письмо:

sich beziehen auf
zuschicken

Wahrscheinlichkeit

- пишите по-русски;
- сформулируйте вопросы в виде анкеты, ос-

Platz lassen

тавив после каждого вопроса место для ответа;	
- отправляя письмо по почте, вложите в него, если это возможно, конверт для ответа с адресом и маркой;	abschicken
- если вы знаете электронный адрес интересующей вас фирмы, лучше воспользуйтесь ИНТЕРНЕТОМ, а не обычной почтой;	benützen
- постарайтесь не акцентировать внимание на том, что ваша работа носит учебный характер.	
Образец письма, прилагаемого к анкете:	Muster

> *Уважаемые коллеги!*
>
> *В рамках научной работы, проводимой Венским экономическим университетом (Wirtschaftsuniversität), готовится исследование на тему "Возможности выхода русских фирм на австрийский рынок". Для этого проводится анкетирование ведущих российских фирм. Мы были бы чрезвычайно Вам благодарны, если бы вы в ближайшее время нашли возможность ответить на вопросы прилагаемой анкеты.*
>
> *Если вас заинтересовали проводимые нами исследования, сообщите нам об этом и мы с удовольствием вышлем вам результаты, когда работа будет окончена. Также мы будем рады ответить на любые возникшие у Вас вопросы.*
>
> *Простите за отнимаемое у Вас время и спасибо за сотрудничество.*
>
> *Подпись (фамилия и инициалы)*

durchführen

äußerst

zuschicken

aufkommen

1.4. Как организовать ссылки на источники?

● **Ссылки в письменном тексте**   Literaturverweis, Quellenangabe

Все использованные в работе источники, независимо от того, цитировались они или нет, должны быть перечислены в конце работы в специальном разделе. Этот раздел может называться либо *"Библиография"*, либо *"Список использованной литературы"*, либо просто *"Источники"*.

Если в тексте содержится цитата – прямая или скрытая, то проще всего в скобках указать фамилию автора (здесь позволяется опустить инициалы) и год издания работы; в случае прямой цитаты должны быть указаны страницы. Например: *"В (Иванов 1998, стр. 30-31) дано такое определение: "...", но Е. Волков (1990, стр. 12) считает, что "...".* indirekt; Klammer

Даже в учебном реферате по материалам газет недопустимо приводить прямую цитату без указания источника. unzulässig

Источники должны быть перечислены в алфавитном порядке фамилий авторов. Общепринятый вид библиографической ссылки такой: Фамилия автора, инициалы, название, место издания (издательство), год издания.

Учтите, что тщательность в оформлении ссылок и библиографии занимает очень большое место в общей культуре оформления научного текста. berücksichtigen; Sorgfältigkeit

- **Фамилии не достаточно – не забудьте назвать имя!**

Обратите внимание, что, если в библиографии инициалы всегда следует помещать после фамилии автора, то внутри русского текста принято инициалы или имя называть перед фамилией. plazieren Anfangsbuchstabe

Учтите также, что каждый раз, когда вы упоминаете какое-либо лицо в тексте доклада, кроме фамилии необходимо указать инициал или имя – если назвать только фамилию, то по-русски это звучит фамильярно, невежливо. Исключение могут составить только фамилии очень известных лиц, но даже и в этом случае называние фамилии без инициала – свойство, скорее, разговорной речи. erwähnen

ungezwungen

Eigenschaft
Umgangssprache

- **Как ссылаться на источники в устном сообщении?**

Глава 1. Где искать материал?

В устном докладе основные источники должны быть упомянуты в начале, но только в том случае, если они очень важны. — mündlich

Языковые модели для "указания источников" в устном докладе:

Работа составлена по материалам следующих статей ...	
Основные источники, использованные в моей работе, следующие:	
В моей работе я в основном опираюсь на следующие источники: ...	sich stützen
... данные, собранные мною во время пребывания в Москве, ...	
Давая определение понятию "А", я буду опираться на исследования А.В. Иванова.	bei der Definition des Begriffes
Данная работа представляет собой часть дипломной работы на тему ...	
Данная работа содержит некоторые результаты исследований, проводившихся в рамках русско-австрийского научного проекта "А".	durchgeführt werden
Хочу также выразить свою благодарность Виктору Иванову, Галине Петровой и профессору Ивану Андреевичу Соколову, чьи советы и консультации были для меня очень ценными.	ausdrücken deren wertvoll

Глава 2. Составление текста

2.1. Название работы

К выбору названия работы всегда следует относиться очень внимательно: название должно точно соответствовать содержанию работы.

Например, если работа называется *"Пластиковые деньги"*, то в ней должна идти речь о самых общих проблемах, связанных с пластиковыми деньгами; если же вы собираетесь говорить только или преимущественно о России, то работа должна называться *"Пластиковые деньги в России"*.

Plastikgeld

hauptsächlich

Если работа называется *"Чеченская война – самый тяжелый из современных российских экономических кризисов"*, то в ней не только должна рассматриваться война в Чечне, но, во-первых, должны хотя бы перечисляться основные экономические кризисы современной России, а во-вторых, должно быть разъяснено, почему Чеченская война приводит к экономическому кризису.

aufzählen

erklären

Вот несколько примеров того, как можно назвать работу о пластиковых деньгах, только начинающих входить в обиход россиян:

in Gebrauch kommen

"Проблема введения в России пластиковых денег"
"Судьба пластиковых денег в России"
"Какая судьба ожидает пластиковые деньги в России?"
"Приживутся ли в России пластиковые деньги?"
"Почему в России пластиковые деньги пока не в ходу?"
"Будущее пластиковых денег в России"
"Есть ли будущее у пластиковых денег в России?"
"Пластиковые деньги в России: история, современность, будущее"

sich einbürgern

im Umlauf

Gegenwart

2.2. Структура

- **Структура необходима!**

Любой научный или деловой текст должен иметь четкую и продуманную структуру, то есть вся информация должна подаваться в совершенно определенной логической последовательности, подчиненной основной идее текста.

logische Folgerichtigkeit

Это очень важно: достаточно часто появляются тексты, которые содержат всю необходимую информацию и вполне интересные мысли, но с точки зрения структуры составлены так плохо, что из них мало что можно понять. Авторы, не умеющие придать структуру своему тексту, могут вложить в анализ и продумывание материала очень много усилий, но никогда не достигнут своих целей - их работы будут непонятны и неубедительны.

man kann wenig davon verstehen
Durchdenken

nicht überzeugend

- **У каждого типа текстов своя структура!**

Это касается текстов самых разных типов: делового письма, приглашения на конференцию, повестки дня для переговоров, протокола заседания совета акционеров и других деловых документов, с одной стороны, научных статей, книг и докладов, резюме и рефератов, с другой.

Tagesordnung
Versammlung

Dossier

Здесь мы будем говорить только о научных жанрах, к которым относятся и тексты учебного характера: курсовые и дипломные работы. Что касается других жанров, то при составлении текстов на русском языке следует взять за образцы русские оригиналы: ведь нормы и традиции написания текстов разных жанров могут оказаться разными в разных культурах. Рекомендуем книгу А. Акишиной и Н. Формановской "Этикет русского письма" (Москва, 1986) и книгу Seyr, B., Aumayr, M., Hoyer, W. "Russische Handelskorrespondenz" (Linz, 1995), но учтите, что в период перехода от плановой экономики к рыночной, естественно, происходят существенные изменения и в этой области.

Seminararbeit

Muster

Textsorte

wesentlich, tiefgreifend

- **Учитесь делить текст на абзацы!**

Итак, любой текст должен иметь свою красную нить, в соответствии с которой вся приводимая информация выстроена в определенном логическом порядке. В коротком тексте проследить за структурой позволяют просто абзацы, в более длинном - заголовки, подзаголовки и соответствующая нумерация.

roter Faden

folgen
Überschrift
Untertitel

Очень важно соблюдать деление текста на абзацы, а между тем, многие не понимают этого и способны написать целую страницу или даже несколько без единого абзаца. Как правило, подобные привычки свидетельствуют о "каше в голове" - о неумении понимать логику собственного текста и подаче информации в виде "потока сознания". Подобные тексты почти невозможно воспринимать.

beachten

derartige Gewohnheiten; "Unordnung im Kopf"
"Bewußtseinsstrom"
rezipieren

- **Русский абзац выглядит не так, как немецкий!**

Учтите, что если в немецкой традиции текст делится на абзацы пропуском строки, то в русской каждый новый абзац (причем и первый, и последний) следует начинать с красной строки, а строчку пропускать вовсе не обязательно.

Auslassung

Einzug; Leerzeile

- **Вечное трио: введение - основная часть - заключение**

Работа научного типа должна включать введение, основную часть, заключение (резюме, выводы), список использованной литературы (библиографию), а также иногда факультативную часть - приложение.

Zusammenfassung

Anhang

В короткой работе, типа резюме или небольшого реферата, можно не выделять "Введение" и "Заключение" отдельными заголовками, разделяя весь текст только абзацами, но при этом реально должны присутствовать и вступительная часть и заключительная. Вступительная часть вводит в проблематику и поясняет, о чем будет идти речь, а заключительная

gliedern

Einleitungs- und Schlußteil

Глава 2. Составление текста

обобщает и содержит выводы.   verallgemeinern

- **Структура должна быть описана в начале работы!**

Слушатель или читатель должен быть предупрежден о том, как организована работа: сколько в ней частей, как они связаны друг с другом, какое место занимают по отношению к основной проблеме. Поэтому во "Введении" всегда должно присутствовать описание структуры работы.   vorinformieren

- **Оформляйте перечисления специальным образом!**

Также каждый раз, когда вы предлагаете читателю какое-то перечисление, стоит по возможности предупреждать его о длине той информации, которую ему предстоит воспринять. Если перечисление очень длинное, то это делается при помощи вынесения каждого пункта на отдельную строку с собственным порядковым номером, отделенным от текста либо скобкой, либо точкой, либо двоеточием. При этом каждый пункт должен начинаться с большой буквы и кончаться либо точкой, либо точкой с запятой (но не забудьте точку после последнего пункта). Если нумерация не нужна, то каждый пункт может начинаться с дефиса и кончаться точкой с запятой.

Aufzählung
vorinformieren
bevorstehen; rezipieren; herausheben
Zeile

Klammer; Doppelpunkt
Strichpunkt, Semikolon

Gedankenstrich

Если перечисление недлинное и пункты небольшие, то можно просто пользоваться вводными словами "*во-первых*", "*во-вторых*", ..., "*наконец*", или "*с одной стороны*", "*с другой стороны*". Например:

> *Рассмотрим ситуацию с акционированием наиболее крупных предприятий в разных сферах экономики: во-первых, в автомобильной промышленности, во-вторых, в металлургической, в-третьих, в области импорта готового сырья и, наконец, в военном комплексе.*

2.3. Введение

- **Какую информацию поместить во "Введение"?** *plazieren*

В самом полном виде (например, в диссертационной работе) введение может включать следующие пункты:

- Постановка проблемы. *Problemstellung*
- Цель работы, основные задачи, которые ставит перед собой автор.
- Структура работы.
- Характеристика материала, положенного в основу работы.
- Введение основных понятий и терминов, используемых в работе. *Begriff*

Кроме того, иногда во "Введение" может быть включен пункт "Краткая история вопроса (обзор литературы)", который в большой работе может быть вынесен в отдельную главу - как правило, первую. *anordnen*

В меньшей по объему работе, типа студенческого реферата, введение также должно присутствовать всегда и может состоять из первых четырех пунктов.

- **Что делать, если не получается "начать"?** *nicht gelingen*

Известно, что очень часто самое трудное - это написать первую фразу. Если возникают трудности с тем, о чем писать введение, то можно воспользоваться следующей техникой:

- **Найдите в названии ключевые понятия!**

1. Следует рассмотреть название работы и выделить в нем ключевое слово (одно или несколько). *Schlüsselwort*

- **Сформулируйте начальный вопрос!**

Глава 2. Составление текста

2. Затем следует сформулировать самые общие вопросы, относящиеся к этим ключевым словам - это может быть вопрос о значении этих слов (*"Что такое "А"?"*), или об истории того понятия, которое обозначено этими словами (*"Какова история "А"?"*), или о той современной ситуации, которая связана с этим понятием (*"Какова ситуация с "А"?"*). Если вы выделили несколько ключевых понятий, то часто существен вопрос о связи этих понятий (*"Какова связь между "А" и "Б"?"* или *"Почему "А" и "Б" связаны?"* или *"Как "А" и "Б" взаимодействуют?"*). Назовем подобный вопрос "**начальным**".

bezeichnen

wesentlich
Beziehung

Ausgangsfrage

3. Ответьте на начальный вопрос. Этот ответ и станет первой частью введения к вашей работе (постановкой проблемы).

Problemstellung

- **Сформулируйте проблемный вопрос!**

4. Теперь следует объяснить, о чем, собственно, вы собираетесь говорить в основной части работы. Если вы затрудняетесь это сделать, то следует снова взять ключевые понятия из заголовка и сформулировать к ним вопрос, но уже связанный не столько с их значением, сколько с их нынешним или будущим местом в той системе, частью которой они являются (для экономических работ о России очень часто этой системой будет оказываться просто российская экономика) (*"Каково место "А" в российской экономике?"* или *"Каково будущее "А" в российской экономике"*). Назовем подобный вопрос "**проблемным**".

Überschrift
nicht so sehr ... wie

5. Тогда второй пункт введения может звучать, например, так: *"В своей работе я попытаюсь дать ответ на следующий вопрос:* "**проблемный вопрос**".

versuchen

6. Теперь следует описать структуру работы, сообщить, на какие материалы вы опирались - и введение готово.

sich stützen auf

А проблемный вопрос станет тем смысловым стержнем, который будет логически организовывать

inhaltlicher Kern

всю работу. Более того, краткий обобщающий ответ на проблемный вопрос можно превратить в "Заключение". | verallgemeinern verwandeln

Разумеется, это очень примитивная техника, но лучше воспользоваться ею, чем оставить свою работу без введения, заключения и смыслового стержня.

Приведем пример того, как можно воспользоваться этой техникой.

Пусть работа называется *"Толлинговые операции в современной российской экономике"*. Ключевое слово *"толлинговый"*. Начальный вопрос: *"Что такое толлинг?"* Проблемный вопрос: *"Каково место толлинга в современной российской экономике и каково его будущее?"* Тогда введение будет выглядеть, например, так: | Ausgangsfrage Problemstellung

> *"Толлингом называется работа предприятия на "заемном" сырье. То есть это следующая схема: предприятие заключает с какой-то фирмой контракт, согласно которому фирма финансирует поступление сырья, его обработку (работу предприятия), вывоз готовой продукции, является собственником продукции и сама организует ее реализацию.* | leihen
>
> *В этой работе я попытаюсь разобраться в том, каково нынешнее место толлинга в современной российской экономике и каково его будущее.* | sich orientieren
>
> *Данная работа будет состоять из трех частей: сначала я расскажу о том, какие предприятия использовали толлинговую схему производства, затем, во второй части, опишу те проблемы, с которыми столкнулись эти предприятия, и, наконец, в третьей части в качестве конкретного примера будет рассказана история австрийской фирмы "X", заключившей толлинговый контракт с одним российским заводом.* | zu tun haben
>
> *При подготовке работы я использовал следующие статьи: ..."*

При подготовке введения можно воспользоваться следующими речевыми моделями: | Musterformulierung

Глава 2. Составление текста

- **Постановка проблемы**

... *большое/ огромное значение приобрела в наши дни проблема ...*	erringen
Проблема ... в наши дни привлекает все большее внимание	
В настоящее время встает задача ...	sich stellen
... со всей остротой встал вопрос о ...	Schärfe
Чрезвычайно актуальными являются/ становятся проблемы ...	
К числу важнейших задач исследования ... относится разработка	

- **Описание структуры работы**

Работа имеет следующую структуру ...	
... состоит из следующих частей	
Работа будет устроена следующим образом: в первой части будет рассказано о том, ... , во второй, опираясь на ... , я постараюсь показать, как ..., и наконец, в третьей части ...	sich stützen auf
... коротко рассказывается о задачах ...	
... подробно освещается ...	erörtern
... дается характеристика ...	
... предлагается решение ...	
Во второй части излагается содержание фундаментальных исследований по ...	darstellen
... подводятся итоги ...	Schlußfolgerungen ziehen
... рассматривается вопрос ...	
... освещается проблема ...	
... речь идет о ...	
В третьей части ... говорится, что ...	
... подчеркивается важность/ необходимость/ исключительная роль ...	unterstreichen
... подчеркивается важность исследований ...	
... даются предложения для решения проблем ...	
... посвящается теме ...	widmen
... подвергается анализу проблема ...	unterziehen
... в работе дается сопоставительный анализ данных ...	

2.4. Основная часть – аргументация

Основная часть включает одну или несколько глав, внутри которых возможно более дробное членение. Целесообразность такого членения в каждом конкретном случае диктуется задачами работы, характером объекта исследования и особенностями собранного материала.

Feingliederung
Sinnhaftigkeit

- Главное - хорошо продумать аргументацию!

Русская поговорка говорит: "Язык до Киева доведет" - это значит, что при помощи слов можно достичь любой цели. Это верно, но надо уметь пользоваться словами, и в научной работе в первую очередь надо уметь составить убедительную и весомую аргументацию ко всем выдвинутым тезисам. Аргументация должна быть рациональной, логичной и последовательной, и в то же время текст должен получиться не сверхскучным и легко читаемым.

Redensart

Ziel erreichen

überzeugend; gewichtig; aufstellen

konsequent
übermäßig langweilig

- Что можно включить в аргументацию?

Для составления подобной аргументации бывает удобно воспользоваться следующими приемами:

Mittel

1. Приводите разные точки зрения, чтобы затем, сравнивая их, прийти к выводу о том, что только одна из позиций достаточно убедительна. Рассмотрите не только те аргументы, которые подтверждают вашу точку зрения, но и те, которые ей противоречат. Если вы можете доказать, что факты, лежащие в основе аргументов за противоположную вашей позицию, не верны или что эти факты на самом деле не противоречат вашей позиции, то сделайте это.

erörtern
bestätigen
widersprechen

entgegengesetzt

Ведь, приводя аргументы и за и против отстаиваемой позиции, вы учитываете и мнение читателя или слушателя и тем самым привлекаете его внимание.

vertreten
berücksichtigen
Aufmerksamkeit wecken

2. Хорошей поддержкой тезиса может слу-

жить ссылка на мнение эксперта.

3. Убедительная работа должна содержать цитаты из научной или публицистической литературы (в зависимости от характера текста).

4. Важную роль могут сыграть данные ваших собственных практических исследований (анкетирование, интервьюирование, личный опыт работы и т.д.).   Erfahrung

5. Иногда могут пригодиться русские поговорки - если умело (но не слишком часто!) их использовать, то они украсят и оживят текст.   schmücken; beleben

2.5. Заключение

Заключение должно содержать краткое изложение основных результатов работы. В небольшой по объему работе заключение может представлять собой самый общий вывод из всего вышесказанного.   Schlußfolgerung

Вот как, например, может выглядеть заключение к небольшой работе на тему *"Толлинговые операции в современной российской экономике"*:

> *"Итак, мы видим, что широкое использование толлинга современной российской экономикой - мера во многом вынужденная, влекущая обогащение инофирм и не слишком положительно влияющая на общее положение экономики. Но, с другой стороны, в настоящий, критический для российского производства момент, только толлинговая схема работы поддерживает жизнеспособность многих предприятий и отказаться от нее Россия в ближайшее время не сможет."*

erzwingen; Bereicherung

auf etwas verzichten

При подготовке заключения можно воспользоваться следующими речевыми моделями:

- **Подведение итогов**

> *Итак, из всего сказанного можно сделать следующий вывод ...*

Основным результатом проведенной работы я считаю следующий вывод: ...	
Наиболее интересным результатом является следующее итоговое положение: ...	zusammenfassende These
В результате мы видим, что ...	
Подводя итоги, необходимо/ хочется отметить ...	um zusammenzufassen
Говоря о значении ..., следует отметить, что ...	
Следует подчеркнуть исключительное значение ...	unterstreichen

Глава 3. Каковы особенности текстов некоторых жанров?

3.1. Реферат

Реферат предполагает самостоятельный отбор достаточно полного материала на определенную тему, изучение этого материала и краткое изложение его в определенной логической последовательности, снабженное обобщением автора.	voraussetzen; Auswahl Darstellung logische Folgerichtigkeit; "mit einer Zusammenfassung des Autors"
Из этого описания следует несколько требований к студенческим рефератам, которые, к сожалению, не всегда соблюдаются:	beachten
1. Следует выбирать достаточно общую и проблемную тему; конкретный материал, конечно, тоже должен присутствовать, но в качестве иллюстрации к этой теме, а не как что-то самодостаточное.	Selbstzweck
Например, если вы нашли в газете любопытную историю о банкротстве большого российского банка, не стоит писать реферат под названием "Банкротство Тверьуниверсал-банка". А вот работа на тему "Кризис российской банковской системы" может оказаться очень удачной, хотя большую ее часть может занять история конкретного интересующего вас банка - но эта история должна быть подана как иллюстрация к некоторой общей проблеме.	gelungen
2. Если вы хотите составить хороший реферат, то нельзя ограничиться пересказом какой-либо одной газетной статьи - ведь от Вас ждут обобщения достаточно разнообразного материала. Можно опираться на один текст, только в ситуации, если он очень объемный и исчерпывающе описывает проблему.	sich beschränken auf Verallgemeinerung sich stützen auf umfangreich; erschöpfend
3. Реферат не должен быть просто пересказом: автор должен проработать и осмыслить материал, чтобы написать законченную проблемную работу с введением, заключением и логичной последовательностью изложения.	durchdenken abgeschlossen Darstellung

3.2. Резюме

(Раздел составлен А.В. Смирновым)

Составление и написание резюме на иностранном языке является важным и необходимым элементом работы специалиста, владеющего иностранным языком. Также резюме часто составляет часть экзамена по русскому языку (предупредим сразу, что на экзамене студент обычно получает текст объёмом в газетную полосу - т. е. формат бумаги А3, который нужно сократить на 2/3).   Zeitungsseite

- **Убрать избыточную информацию!**   redundant, überflüssig

Суть резюмирования в том, что одну или несколько статей (скажем, на немецком языке) нужно сократить, сжать, создать сокращённый вариант текста, передав, часто на другом языке, (скажем, по-русски) основную информацию. Надо убрать "избыточную" информацию и практически написать самостоятельный монологический текст на заданную тему.   zusammenfassen

- **Техника составления резюме**

Выполнение письменного резюме можно представить как последовательный ряд следующих действий: konsequente Abfolge

- внимательно прочитать статью;
- выделить в тексте информативные центры, отметив их основные проблемы;
- обратить внимание на статистические данные;
- продумать короткий план статьи/ статей, который может включать следующие пункты:
- тема статьи;
- композиция (построение), так как статья может состоять из разделов, подразделов и т.д.;   Kapitel; Unterkapitel
- проблема/ проблемы, поставленные в статье;

- заключение.

Теперь прочтите еще раз очень внимательно имеющийся перед вами газетный текст и приступайте к работе, не забывая о логике изложения материала.   Darbietung

При написании резюме можно пользоваться следующими готовыми лексическими клише, которые позволят вам чётко выделить в тексте резюме части, их последовательность и связь между ними:

Статья озаглавлена ... hat den Titel
Статья называется ...
... посвящена теме/ проблеме/ вопросу ...
В статье ... речь идёт о ...
В статье ставится проблема ...
В статье корреспондент газеты/ журнала "..." затрагивает/ освещает следующие вопросы: ...
Автор статьи останавливается на следующих вопросах/ проблемах: ...
... автор/ корреспондент отмечает ...
Далее автор отмечает/ подчёркивает ... unterstreichen
... анализируется ...
... рассматривается ... erörtert werden

Если статья состоит из разделов и подразделов, то можно указать на это. Практически, заголовки разделов или подразделов могут быть своеобразным планом статьи, что также упрощает работу. Поэтому можно предложить формулировки типа: spezifisch
vereinfachen

Статья делится на три раздела, в первом речь идет о ..., во втором описываются ..., в третьем объясняется, почему ...
В разделе "..." автор обращает внимание на ...
Второй раздел называется "...", под этим словосочетанием автор подразумевает ... Wortverbindung; verstehen

Заканчивая резюме, уместно использовать фразы: zusammenfassend

... в заключение можно сказать, что ...
... подводя итог, следует отметить ...

- **Не спешите сдать работу!**

На завершающем этапе работы, когда резюме написано, не надо спешить сдавать работу. Внимательно прочтите написанное. В тех случаях, когда есть сомнения, что слово написано правильно, воспользуйтесь словарём, проверьте написание того или иного слова, найдите перевод слова или слов, которые вызывают сомнения.

benützen

Zweifel

При правильной организации работы всегда остается время на проверку грамматической правильности написанного. Здесь существует одно важное правило: используйте только то, что вы хорошо знаете, в чём вы уверены и чем вы можете свободно оперировать.

bleiben

verwenden

Следует обратить внимание на логичность и последовательность изложения.

Предложения должны предельно точно и полно выражать законченную мысль. Из этого не следует, что предложения должны быть очень сложными, они могут быть **достаточно** простыми.

äußerst

Проверяя свою работу, обратите внимание и на порядок слов: конечно, порядок слов в русском предложении свободный, но это не значит, что предложение можно строить как угодно.

kontrollieren
Wortstellung

"wie es einem einfällt"

- **От газетного стиля - к научному!**

Газетный текст представляет собой особый стиль публицистики. К своеобразию газетной статьи на экономическую тему следует отнести публицистичность стиля, связанную с аналитичностью и, как правило, с определённой экспрессивностью. Подобный текст в первую очередь рассчитан на то, чтобы какая-либо значимая тема или проблема была воспринята широкой читательской массой. Задача специалиста (в данном случае экономиста) сводится к тому, чтобы извлечь нужную только деловую инфор-

Spezifik

derartig

darauf hinauslaufen
herausfiltern

Глава 3. Каковы особенности текстов некоторых жанров? 21

мацию и оптимально её изложить. darstellen

Приводим два образца того, как можно составить резюме по тексту 6 (см. часть 4, глава 11). Первое резюме написано преподавателем, второе - студентом.

ПРОМЫШЛЕННОСТЬ ПЕРЕЖИВАЕТ РАДИКАЛЬНЫЙ ПЕРЕЛОМ.

("Der Standard", 28 November 1996)

В статье, опубликованной под таким названием, речь идёт о том, что ускоренные структурные изменения драматично снижают производственную занятость. По мнению автора статьи Йоханнеса Штайнера, к этому спаду в промышленности привели вступление в ЕС, "открытие" стран Восточной Европы и глобализация конкурентных отношений.

В двух разделах статьи: "80-е годы: плюс" и "90-е годы: обвал" автор рассматривает причины, которые привели в настоящее время к потере рабочих мест. В частности, он отмечает, что если в 80-е годы потеря 113000 рабочих мест была компенсирована динамичным развитием сектора услуг, связанных с производством (отмечается даже прирост 6 850 рабочих мест), то в 90-е годы и этот сектор был охвачен рационализаторскими тенденциями.

Потеря рабочих мест только в период 1991-1994 годов составила 5,4%, т.е. гораздо больше, чем за всё предыдущее десятилетие. Компенсировать этот спад оказалось уже невозможным. Особенно драматична ситуация в Вене, где потеряно 29000 рабочих мест. Ситуация осложняется ещё и тем, что во многих сферах производственных услуг волна рационализации только предстоит.

Подводя итог, автор отмечает, что для решения этой проблемы трудно найти политические способы решения.

ПРОМЫШЛЕННОСТЬ ПЕРЕЖИВАЕТ РАДИКАЛЬНЫЙ ПЕРЕЛОМ.

("Der Standard", 28.November 1996)

Вступление в ЕС, "открытие" Восточной Европы и глобализация конкуренции привели в Австрии к структурному спаду в промышленности. В 80-е годы потеря рабочих мест в промышленности была компенсирована за счёт их возрастания в секторе услуг. В 90-е годы структурный спад ускорился так, что сектор услуг уже не в состоянии был ком-

пенсировать падение занятости в промышленности.

Между 1981-ым и 1991-ым годом в целом по Австрии было потеряно 113000 рабочих мест, но из-за динамичного развития сектора услуг и занятости в нём остался плюс 6 850 рабочих мест. Совершенно иная картина предстаёт в период 1991-1994 гг. Этот плюс в занятости был потерян. Сверх этого проявилась потеря 71500 рабочих мест.

Спад в промышленности достиг невиданного до сих пор размера, потому что и сектор услуг был охвачен рационализаторскими тенденциями. Особенно драматично развитие в Вене в этот период. Здесь потеряно 29000 рабочих мест. Драматизм ситуации в том, что конца этому развитию не видно, а во многих сферах услуг волна рационализации ещё только предстоит. Сложность положения и в том, что трудно найти политические способы решения этой проблемы.

3.3. Курсовая и дипломная работы

- **К научной работе особые требования!**

Курсовая и дипломная работы - это первая ступень научной работы. Различаются эти два типа текстов объемом, который для курсовой работы составляет приблизительно 15 страниц, а для дипломной не меньше 70, а в остальном имеют много общего. Их определяющим свойством является научный характер текста.	Seminararbeit Stufe Umfang Eigenschaft

- **Выбор темы - это очень серьезно!**

Выбирайте для работы интересную проблему и учтите, что тема, которой вы по-настоящему увлекаетесь, заинтересует и ваших слушателей - если, конечно, вы овладеете искусством презентации экономического текста. Скучное для вас самих собрание материалов, пусть на серьезную, академическую тему, не развлечет и даже не заинтересует слушателей, но даже несколько экзотичная, нестандартная и не слишком глобальная тема, которой вы по-настоящему увлеклись, привлечет и слушателей. Даже история французских царских акций, которые в декабре 1996 г. вдруг были оплачены по указу Ельцина, сможет вызвать искренний интерес аудитории, если рассказать о ней живо и увлеченно, хотя, конечно, этот сю-	sich begeistern langweilig unterhalten begeistert

Глава 3. Каковы особенности текстов некоторых жанров? 23

жет не имеет никакого отношения к мировым проблемам!

- **Все должно быть обосновано!**

Из научного статуса работы следует важное требование, а именно: надо, чтобы не только все выводы и результаты, а также приводимые факты были понятными и обоснованными, в том числе с точки зрения читателя, не являющегося серьезным специалистом по данному вопросу. Так, например, нельзя просто так утверждать, что русская налоговая система плохая, нужно это доказать. Доказательствами могут служить разнообразные серьезные источники, такие, как тексты законов, книги, вышедшие в видных издательствах, статьи, опубликованные в солидных журналах и газетах.

anführen
begründet

Steuersystem
beweisen; Beweis

Итак, запомните: читатель научной работы не верит автоматически в то, что вы говорите - наоборот, он критически относится ко всему сказанному и написанному. Ваша задача состоит в том, чтобы показать ему, как обстоят дела, и убедить в этом.

- **Уместные цитаты украшают работу!**

Использование цитат в научной работе не только допустимо, но и желательно. Основными целями цитирования являются:

zulässig; erwünscht

- обоснование основных теоретических предпосылок работы;
- прояснение дискуссионных вопросов, связанных с объектом исследования;
- подтверждение собственной аргументации;
- определение места своей работы в "контексте" других работ.

Begründung; Voraussetzung

Erklärung

Erhärtung; eigen

Таким образом, "списывать" в научном тексте не только не запрещается, но даже весьма рекомендуется. Ведь никто не ждет, что вы заново изобретете колесо, наоборот! Но никогда не "списывайте", не указав источника: плагиат - смертный грех в науч-

abschreiben

erfinden
Rad
angeben; Todsünde

ном мире.

Принципиально важным является деление ис-   Quelle
точников на два типа:

1. Оригинальные (первичные), т.е. собранный самим автором материал;
2. Вторичные, т.е. используемые автором в качестве теоретической базы или как источник дополнительной фактической информации книги и статьи других авторов.

        sekundär

        zusätzlich

Источники второго типа нужно цитировать так, чтобы читатель легко мог найти цитаты в книгах или в печати. Вот почему принято приводить, кроме фамилии автора, год издания и страницу.   Erscheinungsjahr

- **Отнеситесь критически к устаревшему материалу!**   veraltet

При этом имейте в виду, что все, что написано в бывшем Советском Союзе, с сегодняшней позиции кажется сомнительным даже ученым из самой России. Поэтому обратите особое внимание на год издания. Зато во многих случаях ваша аргументация будет выигрывать от критического противопоставления советской и постсоветской научной позиции или интерпретации действительности. Также с существенной долей критики отнеситесь к Большой советской энциклопедии и не полагайтесь на нее, как на библию, ни в отношении русской истории, ни в отношении экономики!

        zweifelhaft

        gewinnen; Gegenüberstellung
        Wirklichkeit

- **Самостоятельное исследование сделает работу блестящей!**   glänzend

Результаты, основанные на практических исследованиях, проведенных вами лично, относятся к очень уважаемым источникам выводов и рассуждений. Однако, необходимо, чтобы читатель четко представлял себе, в каких условиях был проведен опрос, кто были ваши информанты, какие вопросы были поставлены перед ними. В случаях, если вы опираетесь

        Quelle

        sich stützen

Глава 3. Каковы особенности текстов некоторых жанров? 25

на самостоятельно проведенные опросы или анкетирование, следует приводить полученные материалы в разделе "*Приложение*".

Befragung

Kapitel; Anhang

Порядок организации материала внутри "*Приложения*" должен соответствовать его характеру (например: анкеты, данные опросов фирм, магнитофонные и блокнотные записи устной речи, описания невербального поведения (жестов, мимики), наблюдения над речевым поведением, фрагменты письменных текстов из книг, журналов, газет).

Tonbandaufnahme

nonverbales Verhalten; Beobachtung

- Следите за языком работы!

achten

Язык работы должен соответствовать нормам письменного литературного языка и не содержать субъективных эмоциональных оценок и разговорных экспрессивных выражений. Не говорите, что какая-то точка зрения - это глупость или ерунда, а докажите, что она неверна. В тех случаях, когда употребление разговорной лексики представляется автору необходимым (для более точной, образной характеристики явления или в качестве проявления творческой индивидуальности автора), следует включать их в контекст с осторожностью и подавать как своего рода "цитирование" бытовой речи.

entsprechen

Ausdruck
Dummheit; Unsinn

bildhaft
Zeigen

Vorsicht; als Art Zitat der Alltagssprache

- Как говорить о себе?

О себе лучше не говорите как об авторе ("*Автор проводил опрос*") - хотя и такая формулировка допустима, а либо избегайте личного названия самого себя употреблением безличной формы ("*кажется, что*", "*приходится сделать вывод о том, что*") и пассивной конструкции ("*проводится исследование*", "*проводился опрос*", "*был проведен опрос*"), либо смело употребляйте личное местоимение "я" ("*Я проводил/а опрос*"). Имейте, однако, в виду, что в русском языке чрезмерно частое употребление "я" противоречит нормам научного стиля, так что, когда есть выбор, лучше использовать безличный оборот.

vermeiden
unpersönliche Form

übermäßig
Wissenschaftsstil

- **Внимание: нельзя употреблять деепричастие с безличным и с пассивным оборотом!**

При этом употреблять безличные обороты следует очень внимательно: они используются в довольно ограниченном количестве синтаксических конструкций. Так, например, одна из самых частых ошибок при составлении научной работы на русском языке - это использование безличного сказуемого с деепричастным оборотом. Подобные конструкции в правильной русской речи невозможны. Дело в том, что безличная форма сказуемого описывает действие как не имеющее субъекта, а деепричастный оборот описывает действие, имеющее субъекта, и при этом субъект деепричастного оборота обязан совпадать с субъектом сказуемого. Поэтому при совмещении безличного сказуемого с деепричастием возникает логическое противоречие и получается неправильная фраза.

unpersönliche Konstruktion

Prädikat; Adverbialpartizipialkonstruktion

Prädikat
Adverbialpartizip
Widerspruch

Например, в хорошей русской речи нельзя сказать: *"Изучив причины этого процесса, приходится сделать вывод о том ..."* Но можно сказать: *"Изучив причины этого процесса, мы/я пришли/пришел к выводу о том ..."* - или: *"Изучив причины этого процесса, приходишь к выводу о том ..."*

По сходным же причинам (рассогласование субъекта сказуемого и деепричастия) нельзя использовать деепричастие с пассивной конструкцией. Например, неправильна фраза: *"Изучив причины этого процесса, делается вывод о том ..."*

ähnlich; Nichtübereinstimmen des Subjekts des Prädikats und des Adverbialpartizips

Все эти ошибки возникают по той же причине, что и ошибка в знаменитой фразе из юмористического рассказа А. Чехова: *"Подъезжая к станции, у меня слетела шляпа"*. Итак: субъект деепричастия должен совпадать с субъектом сказуемого (к станции подъезжала не шляпа).

"Als der Hut zur Station fuhr, flog er mir davon"

- **Продуманно оформите работу!**

Содержание важнее формы, но не забудьте,

Глава 3. Каковы особенности текстов некоторых жанров?

что удачно и культурно оформленный текст читается с бо́льшим удовольствием, бо́льшим интересом и, главное, с бо́льшей симпатией к автору: ведь оформление - это проявление заботы о читателе. Так что ваши старания при обдумывании материала и составлении текста существенно выиграют от тщательного и красивого оформления.	gestalten zeugt von der Fürsorge; Durchdenken sorgfältig
Так, например, хорошо смотрится текст, в котором наиболее важные места выделены графически - разными шрифтами, пропусками места или рамкой. Но не перегружайте работу подобными деталями, иначе эффект будет обратный.	überladen gegenteilig
Внимательно проследите за оформлением оглавления и заголовков, а также цитат, ссылок, сносок и библиографии.	achten auf Inhaltsverzeichnis; Quellenangabe; Fußnote

- **Оформление оглавления**

В оглавлении работы используются арабские цифры. Ниже, в качестве образца, приводится сокращенный вариант возможного оформления оглавления для дипломной работы. Курсовая работа оформляется также, но имеет меньший объем:	Inhaltsverzeichnis

Русско-австрийские компенсационные операции	
1. *Введение* *1*	
1.1. *Содержание работы* *1*	
1.2. *Структура работы* *2*	
2. *Основание компенсационных операций* *3*	
2.1. *Историческое развитие* *3*	
2.2. *Внешняя торговля РФ* *5*	
2.2.1. *Нынешняя ситуация* *5*	
2.2.2. *Значение компенсационных операций в РФ* .. *7*	
2.2.3. *Законодательство в РФ* *9*	
2.2.3.1. *Постановление об использовании валютных ресурсов* *9*	Verordnung
2.2.3.2. *Постановление об установлении ставок налога на экспорт и импорт* *11*	Festsetzung des Steuersatzes
2.3. *Внешняя торговля Австрии* *13*	
2.4. *Российско-австрийские торговые отношения* *14*	

3.	Разные формы компенсационных операций. 18	
3.1.	Товарообменные и компенсационные сделки на безвалютной основе 18	
...		
3.3.3	Сделки "развитие-импорт" 42	
4.	Аспекты компенсационных операций 42	
...		
4.5.	Сбыт излишков производства и обеспечение сырья 46	Überschuß
5.	Риск компенсационных операций 46	
...		
5.5.4.	Гарантия платежа 54	
6.	Дополнительные расходы, связанные с проведением компенсационных операций 55	
...		
6.5.	Оплачивание расходов 59	
7.	Пример компенсационного соглашения........ 60	
...		
7.2.2.	Экспортный контракт 64	
8.	Заключение 66	
9.	Библиография 67	
10.	Приложение 70	
10.1.	Список диаграмм и таблиц 70	
10.2.	Список использованных сокращений 73	

- **Как оформлять сноски и ссылки?**

Постраничные сноски должны нести информацию, дополнительную по отношению к основному тексту, и не должны содержать библиографических сведений.	Fußnote auf derselben Seite
В современной научной литературе отсылки к цитируемым источникам даются обычно не в постраничных сносках, а прямо в тексте, в сокращенной форме: фамилия автора, затем в скобках год и страница. Например: Виноградов (1972, 22) или: "Экономическая газета" (3.3.1990, стр.2) - здесь в скобках помещены дата и страница ежедневника; "Деловые люди" (1995, № 4, стр. 25) - здесь в скобках помещены год, номер издания и страница еженедельника или ежемесячника. Указания на других авторов без цитирования оформляются следующим образом: (ср. Виноградов 1972, 22). Опущенные части в цитируемом	Verweis Fußnote auf derselben Seite; abkürzen Wochenzeitschrift Monatszeitschrift vgl. ausgelassene Teile

тексте отмечаются многоточием в скобках - (...). drei Punkte in Klammern

- **Как оформлять библиографию?**

Если работа написана на русском языке, все оригинальные русские названия даются в кириллице, если на других языках - в латинице. Названия работ, написанных латиницей, даются в латинице всегда. Если работа написана по-немецки, русские исходные данные передаются научной транслитерацией.

cyrillische Schrift
lateinische Schrift

Transliteration

При указании на отдельные статьи, опубликованные в книгах, сборниках или журналах, перед названием сборника необходимо поставить "*в кн.:*", или "*в сб.:*", "*в ж.:*" или "*в г.:*". При этом названия газет и журналов даются в кавычках.

in Anführungszeichen

Ниже приводятся образцы оформления библиографии:

Богдан, А.: Контроль, контроль и еще раз контроль. - В ж.: "Деловые люди". 1997, № 73, стр. 50-51.
Касаев, А.: Четвертый перенос. В г.: "Независимая газета". 28.1.1997, стр. 1.
Козлов, А.А.: К вопросу о термине "ценные бумаги". - В ж.: "Деньги и кредит". 1991, №. 9, стр. 102-137.
О коренной перестройке управления экономикой. - Сборник документов. Москва, 1987.
Федоров, Б.: Финансы и кредит: денег слишком много, но не хватает. - В кн.: Советская экономика: от плана к рынку. Москва, 1991, стр. 139-140.
Шмелев, Н.: Наемный работник или хозяин. Москва, 1990.

Часть вторая.
Техника устного выступления на экономическую тему

Глава 4. Чем устное сообщение отличается от письменного?

Устное сообщение отличается от письменного, в первую очередь, двумя очень важными свойствами: во-первых, информация воспринимается адресатами со слуха, во-вторых, докладчик непосредственно контактирует с адресатами.

mündlich
Eigenschaft

Sprecher; unmittelbar

- **Ориентируйтесь на слуховое восприятие!**

Воспринимать текст со слуха не просто, и для того, чтобы слушатели лучше поняли и запомнили сообщение, оно должно отвечать следующим требованиям :

aufnehmen; akustisch

- текст должен быть составлен с ориентацией на конкретную аудиторию (см. 5.2.);
- текст должен быть очень хорошо структурирован (см. 2.2. и 5.3.);
- слушатель должен быть предупрежден о структуре сообщения (см. 5.3.);
- в любой момент слушатель должен знать, каково место в структуре сообщения той информации, которую он сейчас воспринимает (см. 5.3);
- все важные положения должны быть выделены – интонационно или словами (см. 5.4.);
- вся сложная или важная информация должна дублироваться (см. 5.4.).

vorinformieren

rezipieren

Faktum; hervorheben

sich wiederholen

Всегда, когда это уместно, следует использовать дополнительный иллюстративный материал (см. 8.).

Глава 4. Чем устное сообщение отличается от письменного?   31

- **Позаботьтесь о контакте с аудиторией!**

Для того, чтобы обратить в свою пользу факт непосредственного общения со слушателями, хороший докладчик должен соблюдать следующие требования: unmittelbare Kommunikation

- начать сообщение с установления контакта со слушателями (см. 6.1. и 6.2.);   aufrechterhalten
- отслеживать наличие контакта со слушателями в течение всего сообщения (см. 6.3.);
- ответить на вопросы аудитории и выслушать всех, желающих высказаться (см. 6.4.);   bis zu Ende anhören
- держаться и выглядеть так, чтобы это благоприятно воздействовало на слушателей (см. 7.).   sich verhalten; sich günstig auswirken

- **План устного сообщения**

Вот план устного сообщения в целом:

---

1. Вступительная часть
1.1. Приветствие (см. 6.1.)
1.2. Информация о себе и/или своей фирме (см. 6.2.)

2. Введение
2.1. Название сообщения (см. 2.1.)
2.2. Указание источников информации (см. 1.4. и 3.3.)
2.3. Постановка и/или история проблемы (см. 2.3.)   Problemstellung; Problemgeschichte
2.4. Описание структуры сообщения (см. 2.2.)

3. Основная часть (см. 2.4.)

4. Заключение (см. 2.5.)

5. Заключительная часть
5.1. Благодарность за внимание (см. 6.1.)
5.2. Приглашение к дискуссии (см. 6.4.)
5.3. Дискуссия: вопросы и ответы (см. 6.4.)
5.4. Благодарность за внимание и за вопросы и высказывания (см. 6.1.)

- **Не стесняйтесь назвать свое имя!**

Пункты 1.2. и 2.1. могут быть опущены в случае, когда перед тем, как докладчику дали слово, ведущий представил его аудитории и произнес название сообщения. Но если этого не произошло, то, если в аудитории есть хотя бы один слушатель, который может не знать имени и/или социального статуса докладчика, докладчик должен, не стесняясь, представиться сам, хотя бы очень кратко.

auslassen
das Wort erteilen
aussprechen

sich genieren

- **Проговаривайте название работы!**

Также почти всегда необходимо медленно и четко проговорить название сообщения: ведь даже, если оно указано в программе, в зале может найтись слушатель, не запомнивший названия и не имеющий в руках программы, а воспринимать текст, не зная его названия, довольно трудно.

aussprechen
sich befinden
sich merken

- **Об источниках сообщают вначале!**

Что касается сообщения об источниках информации, то, если в письменном докладе оно должно быть предельно подробным и располагаться в конце работы, то в устном сообщении должно предшествовать докладу и быть очень кратким, без лишней информации. Но если работа сделана совместно с кем-то или в рамках какой-либо большей работы, то именно здесь, в самом начале доклада, необходимо это указать. Здесь же можно выразить благодарность тем, кто помогал при подготовке работы.

äußerst; sich befinden

gemeinsam mit

Основные источники, использованные в моей работе, следующие: ....
В моем исследовании я в основном опираюсь на следующие источники:
... данные, собранные мною во время пребывания в Москве,...

Quelle

sich stützen

- **Как можно начать?**

Вот образец того, как можно начать свое вы-

Глава 4. Чем устное сообщение отличается от письменного?

ступление (пункты 1.-2.2.):

Добрый день, дорогие коллеги! Мне очень приятно выступить перед вами, но я немного волнуюсь и поэтому хочу заранее попросить прощения за возможные ошибки в русском языке.	aufgeregt sein
Меня зовут Анна Шварц, я австрийка, учусь в Венском Экономическом университете 6 семестров, русский язык изучаю 4 семестра. Моя работа называется "Экономическая политика российского правительства на фоне предвыборной борьбы" и составлена по материалам четырех статей из газет "Коммерсант" и "Сегодня" и пяти передач российского телевидения "Тема".	Wahlkampf

Глава 5. Как говорить, чтобы услышали?

5.1. Говорите, а не читайте!

- **Читаемый по рукописи текст плохо запоминается!**

В результате психолингвистических исследований доказано, что, когда доклад читается по рукописи, в памяти слушателя остается только около 50 % информации, содержавшейся в докладе, но, если текст излагается свободно, без опоры на рукопись, слушатель запоминает 90 %. Поэтому старайтесь говорить свободно, опираясь только на иллюстративный материал и хэндауты, розданные слушателям – если это сложно, то подготовьте маленькие карточки с ключевыми словами, но ни в коем случае не читайте ваш доклад с дословно подготовленной рукописи!

Manuskript
Gedächtnis
enthalten sein
darbieten; Stützung

Handout; ausgeben
Schlüsselwörter;
keinesfalls
wörtlich

- **Не мычите – пользуйтесь "заполнителями пауз"!**

unartikulierte Laute
ausstoßen

Конечно, свободное говорение на иностранном языке, к тому же на актуальную и сложную тему – дело весьма непростое. Ведь при этом необходимо одновременно и думать о содержании, и искать нужные слова, синтаксические конструкции, языковые формы. В результате, время от времени приходится делать небольшие паузы, чтобы подумать, найти подходящее слово. Во время подобных естественных, хотя и неловких пауз неопытный докладчик либо неожиданно умолкает, либо производит странные звуки, напоминающие мычание. А между тем, в любом языке существуют специальные слова, традиционно используемые в подобных ситуациях – так называемые "заполнители пауз".

peinlich
verstummen

Pausenfüller

"Заполнители пауз" – это слова и словосочетания, которые, хотя и не совершенно лишены семантического содержания, тем не менее имеют настолько пустое значение, что могут быть вставлены

keinen semantischen
Inhalt haben
allgemeine Bedeu-

практически в любой контекст. Их использование даст вам возможность ненадолго задуматься в любом месте доклада, не выглядя при этом как ученик, не знающий ответа на экзамене. Итак, в зависимости от конкретной ситуации выбирайте из нижеследующих "заполнителей пауз", но постарайтесь не использовать всегда одно и то же выражение и не использовать подобные выражения слишком часто:

tung

versuchen

- **Неабсолютная уверенность**

по-моему
как мне кажется
как я полагаю
мне думается
если я не ошибаюсь
если мне не изменяет память
если я правильно помню
если можно так выразиться
если я вас правильно понял, вас интересует следующее: ...
если я правильно понял, вы считаете, что ...

wie ich annehme

wenn ich mich richтig erinnere

- **Введение уже известной информации**

как я уже упоминал/а
как известно
как мы с вами знаем
как вы знаете
ведь общеизвестно

- **Самые общие заполнители пауз**

вообще говоря
мне хотелось бы сказать, что
дело в том, что
дело состоит в том, что
ситуация такова
дело обстоит следующим образом
как говорится
так сказать
видите ли

eigentlich

| если хотите |

5.2. Ориентируйтесь на слушателя!

- **Обдумайте: кто ваш слушатель!**

Приходило ли когда-нибудь вам в голову, что об одном и том же событии вы по-разному рассказываете разным людям, например, матери, коллеге и иностранной преподавательнице?

Официальный текст тем более нужно по-разному готовить в зависимости от того, какая вас ждет аудитория: будут ли вашими слушателями эксперты по данному вопросу, или же заинтересованные в обсуждении, но пока еще не осведомленные в этой области специалисты другого профиля, или же вообще очень разнообразная публика неопределенного профиля. Так, например, экспертам по акционерному делу будет скучно, если вы начнете им объяснять, что акционер не имеет права просто так, по спонтанному желанию продавать свои акции. А вот специалисты по строительству туннелей, которые хотят превратить свое предприятие в акционерное общество, могут не понять, почему права на собственность в области акций ограничены, и для того, чтобы они по-настоящему поняли, что такое акционерное общество, понадобится немало дополнительных разъяснений.

Erörterung
informieren

umwandeln

benötigen
zusätzliche Erklärung

Вот почему важнейшая задача, для решения которой не нужно жалеть ни времени, ни усилий, заключается в том, чтобы узнать, кто ваши будущие слушатели и в какой степени они знакомы с темой, о которой вы собираетесь говорить. Само собой разумеется, что получить такие сведения не всегда легко, но успех вашего выступления в большой степени зависит именно от этого!

nachtrauern; Anstrengung

Information

- **"Совковое" мышление приходится учитывать!**

Поскольку на русском языке вы, скорее всего,

Глава 5. Как говорить, чтобы услышали?

будете выступать перед русскоязычной публикой, то есть россиянами или гражданами стран СНГ, следует учитывать разницу между культурами и, в частности, между экономическими традициями и знаниями.

russischsprachig

Не забывайте, что до 1985 г. в тогдашнем Советском Союзе господствовал коммунизм, вся власть была в руках генерального секретаря КПСС и членов Политбюро. Экономика была центрально управляемой, плановой, решения могли приниматься только и исключительно на самом верху. Опыт самостоятельного принятия решений и личной ответственности практически отсутствовал у граждан СССР. В современном русском языке существует даже специальное, довольно презрительное слово, обозначающее весь комплекс специфических свойств человека, воспитанного в социалистическом обществе – "совок".

herrschen

ganz oben

verächtlich
Eigenschaft

Естественно, далеко не любой современный россиянин – "совок". Огромную роль играет, например, следующий фактор: первый ли это контакт российского партнера с Западом или у него уже есть многолетний опыт. Подобные детали постарайтесь узнать как можно точнее – хорошая осведомленность о таких вещах – гарантия вашего успеха!

Kenntnisse, Informiertheit

- **В разных аудиториях – разные аргументы!**

Если вашей целью является убедить в чем-то аудиторию, то учтите, что вес определенных аргументов в разных культурах может оказаться неодинаковым.

Gewicht

Так, например, возможность сэкономить время – хороший аргумент для американского партнера, а для русского, может быть, большую роль сыграет возможность экономии денег.

einsparen

Учитывайте различия в отношении к законодательству: если в Западной Европе существует многолетняя традиция правового государства и граждане убеждены в том, что законы не столько ограничивают их свободу и возможности, сколько защищают их

Gesetzgebung

Rechtsstaat
nicht so sehr; begrenzen; schützen

права, то в восприятии россиян, привыкших к тоталитарному режиму, пока превалирует первый аспект. Поэтому полученная в наследство от Советского Союза традиция искать возможность обойти закон еще весьма жива. Соответственно, аргументы типа "давайте действовать законно" весьма по-разному будут приняты в Западной Европе и в России.

Wahrnehmung; sich gewöhnen; dominieren; Erbe

- **Не будьте высокомерным!**

hochnäsig

   Самым страшным, что вы можете совершить по отношению к слушателям, является демонстрация вашего превосходства, пусть даже случайная, неумышленная. Ни за что не допускайте, чтобы ваши партнеры почувствовали себя униженными. Этого вам не простят никогда! Да и в самом деле, разница в политической и экономической традиции – еще далеко не повод для высокомерного поведения, тем более, что, скорее всего, вы выступаете перед вашими коллегами, стремясь достичь какой-либо выгоды для самого себя!

Überlegenheit; unabsichtlich erniedrigen verzeihen

Anlaß; hochnäsiges Verhalten erreichen; Vorteil

5.3. Структурируйте как можно четче!

- **Структура устного текста должна быть эксплицитной!**

   Конечно, хорошо продуманная структура абсолютно необходима в научном тексте любого жанра, не важно, письменного или устного. Но при устных сообщениях особенно важны различные указания, помогающие слушателям сориентироваться в структуре излагаемого, проследить за логикой докладчика.

mündlich

folgen

   Дело в том, что устный текст воспринимать труднее, чем письменный: случайно отвлекся на несколько секунд - и уже непросто восстановить упущенное, а вернуться назад и перечитать еще раз невозможно.

aufnehmen
sich ablenken
das Fehlende

   Поэтому докладчик все время должен заботиться о том, чтобы слушатель в любой момент сообщения точно знал, о чем и с какой целью сейчас рас-

Глава 5. Как говорить, чтобы услышали?

сказывается и каково место данного эпизода в общей структуре доклада, заботиться о том, чтобы слушателю было легко следить за развитием идеи. В устном тексте следует как бы обнажать стратегию его построения, вскрывать механизм движения мысли.

offenlegen
aufdecken

Кроме того, вся та информация, которая в письменном тексте передается абзацами, номерами параграфов, сменой шрифта и т.д., в устном тексте должна быть сохранена и выражена либо специальными словами, либо хотя бы интонацией.

Wechsel der Schriftart

Взгляните на эти примеры из выступления опытного лектора:

> *Перехожу ко второй части доклада. Я буду разбирать группы фактов и буду стараться демонстрировать те внутренние механизмы, которые за всем этим стоят, и действие этих механизмов, чтобы было видно, на чем основана ваша интуиция.*
>
> *Мне на одну минуту приходится отступить, сделать, так сказать, нежелательный экскурс в сторону, хотя нет времени.*

analysieren

abschweifen

Итак, конкретные рекомендации:

- в начале доклада сообщите слушателям, сколько в нем будет частей, и в процессе изложения предупреждайте о том, когда кончается одна часть и начинается следующая, а также о том, сколько еще осталось;

Darstellung
hinweisen auf

- старайтесь в начале и в конце каждого эпизода сформулировать, какова его роль в общей логике изложения (объясните, что это: предварительная гипотеза, доказательство сформулированного выше тезиса, пример, вывод, описание точки зрения, с которой вы собираетесь спорить и т.д.). Например:

vorläufige Hypothese

sich auseinandersetzen

> *В качестве введения мне хотелось бы рассказать о том ...*
>
> *Позвольте начать мое выступление с рассказа о злоключениях на Российском рынке одной бельгийской фирмы ..., потом вы поймете, какое отношение эта история имеет к теме моего доклада*

unerfreuliches Abenteuer

Сначала/ теперь скажу несколько слов о том, что такое ...	
Перехожу к основной части сообщения ...	
Итак, мы разобрались в том, ..., и теперь можем перейти к обсуждению того, ...	wir haben uns orientiert über
Теперь мы видим, что ...	
Перехожу ко второй части доклада	
Перехожу к четвертой и последней части доклада	
Были приведены три доказательства тезиса о том, что ..., теперь приведу последнее, с моей точки зрения, наиболее интересное из доказательств	
Мы обсудили понятия ..., и теперь, прежде, чем перейти к ..., остается разобраться в том, почему ...	Begriff sich beschäftigen
Прежде, чем я начну перечислять доказательства вышесформулированного предположения, мне хотелось бы рассмотреть один реальный случай	aufzählen Annahme, Vermutung
Позвольте привести здесь в качестве примера одну историю, произошедшую ...	
Этот пример кажется мне хорошим подтверждением того, что ...	Bestätigung

5.4. Учитывайте особенности слухового восприятия!

Внимательно слушать устное научное сообщение, даже очень интересное - тяжелая работа, и выступающий должен всеми возможными способами помогать слушателю.   Mittel

Поэтому опытный докладчик использует в публичной речи специальные приемы, позволяющие облегчить восприятие устного текста и сделать сообщаемую информацию более запоминающейся. Опишем здесь некоторые подобные приемы, приводя примеры из реальных выступлений опытных докладчиков. Большинство этих приемов были перечислены Т.С. Морозовой в статье об особенностях устной научной речи (1988, стр. 189-192).

Mittel, Verfahren

merkbar

aufzählen

- **Информация должна быть расчлененной!**

Глава 5. Как говорить, чтобы услышали?

1. Устное сообщение требует более дробного, чем в письменной речи, членения информации на сегменты.   **Gliederung**

Вот определение из письменного текста:

> *"Циклический бюджет - равенство объема правительственных расходов на товары и услуги чистому объему налоговых поступлений в пределах одного экономического цикла".*

Gleichheit

Steuereinnahmen

А вот как это может звучать в устном сообщении:

> *"Циклический бюджет - это когда правительственные расходы равны налоговым поступлениям. То есть правительство всегда что-то тратит на товары и услуги. И есть чистый объем налоговых поступлений. При циклическом бюджете эти расходы и эти поступления равны. В пределах одного экономического цикла равны."*

В устной научной речи часто применяются интродуктивные высказывания с экзистенциальным значением, то есть, прежде чем начать говорить о каком-то важном для докладчика и, возможно, незнакомом слушателям понятии, докладчик просто называет это понятие, а уже потом включает его в изложение, иногда сначала сформулировав определение. Например: **einleitende Äußerungen**

Darbietung, Vortrag
Definition

> *Далее начали составлять договор купли-продажи ... Существует так называемое "локо". "Локо" - это условие сделки, когда цена за товар не включает затрат на транспортировку. Так вот с этим локо возникла следующая проблема ...*

Kaufvertrag

Bedingung

- **Используйте конструкции идентификации!**

2. В устной речи широко используются конструкции идентификации - одно и то же понятие называется несколько раз подряд разными словами. На-   **hintereinander**

пример:

Хочу рассмотреть <u>одну из идей</u>, <u>одно из понятий</u> современной кредитной системы ...	einfacher
Проще говоря, речь идет об <u>обработке европейского рынка</u>, то есть об <u>экспортно-импортной деятельности российских фирм на рынках европейских стран</u>.	
Ищутся разнообразные <u>пути</u>, как бы <u>модели построения</u> ...	gewissermaßen

- **Повтор в устном тексте - не недостаток!**

3. Повтор   Wiederholung

Говорящий не только создатель, но и интерпретатор собственного текста, поэтому он должен решить, какие моменты считает основными, и повторить их - тогда они лучше запомнятся. В следующем примере из лекции говорящий 6 раз разными способами описывает важное для него понятие "специализация банка":   Schöpfer

Но есть организация банковской деятельности, когда закон предопределяет схему деятельности и характер специализации банка. То есть с самого начала банк в своем развитии должен определиться, в каком направлении он будет действовать. То есть выбрать специализацию и развиваться не как универсальный банк, а как специализированный, ориентированный на вполне определенную группу банковской деятельности - по финансированию какого-нибудь производства, отрасли, вида деятельности или функциональная специализация.

im voraus regeln

- **Не потерять красную нить!**

4. Напоминание об основной идее   Erinnern

Для того, чтобы слушатель не потерял красную нить изложения, говорящий время от времени должен напоминать основную идею данного эпизода.

Глава 5. Как говорить, чтобы услышали? 43

Для этого используются такие формулы, как, например:

> *Это я говорю к тому, что ...;*
> *Вот я говорю о том, что такое ...*
> *Так вот, все эти примеры я привожу к тому, что ...*

- **Используйте смысловой круг!**

5. Смысловой круг - это следующая схема подачи информации: сначала выдвигается некоторое положение, затем, в следующем высказывании, дается новая порция информации (раскрывается, конкретизируется это положение), а затем говорящий возвращается к высказанному в начале положению, формулирует его еще раз. В устной научной речи смысловой круг используется довольно часто. Например:

thematische Wiederaufnahme; eine Position wird vertreten präzisiert werden

> *Америка завалена товарами из Кореи, Тайваня,* скажем, может быть, вам встречались ручки с часами - автоматическая шариковая ручка, и в нее вмонтированы часики, которые идут абсолютно точно - электронные часы, кроме того они показывают день, число, значит, и секунды, скажем, мерить пульс. *Америка завалена ими, их делают в Корее и Тайване.*

voll sein von "stoßen auf"

- **Сообщайте оценку приводимых фактов!**

6. Иногда имеет смысл сопровождать приводимые факты их оценкой. Подобная оценка бывает необходима, когда приводятся цифры и нет уверенности, что слушатель сам сможет разобраться в том, много это или мало. Например:

begleiten
Bewertung

sich orientieren

> *Падает материальное производство - снижается материальное производство по своей доле. Выпуск промышленной продукции с первого полугодия снизился на 26% - это очень много - на 26% по сравнению с аналогичным периодом 93 года.*

Также иногда стоит приводить качественную оценку описываемых фактов. Например:

> *Это, как вы понимаете, <u>просто катастрофическое</u> сокращение инвестиций. Причем прежде всего страдают отрасли машиностроения, то есть проводники и носители научно-технического прогресса, скажем так, основы базы научно-техничесого прогресса. Таким образом <u>ну просто катастрофические</u> процессы происходят.*   Träger

Глава 6. Как найти и сохранить контакт с аудиторией?

- **Старайтесь общаться со слушателями во время доклада!**

Хороший докладчик всегда в течение всего сообщения непосредственно общается с аудиторией. Это необходимо, чтобы сохранить внимание зрителей и завоевать их расположение. Если докладчик сам по себе стоит у доски и что-то сам себе рассказывает, то большинство слушателей также сами по себе сидят и что-то чертят в блокнотах или просто дремлют. На хороших докладах ни один зритель не спит не потому, что все интересно и понятно, но скорее из-за того, что докладчик просто не дает никому отвлекаться, все время разными способами привлекая внимание каждого.	unmittelbar "ihr Wohlwollen gewinnen" zeichnen; dösen "läßt nicht zu, daß jemand abgelenkt ist"

6.1. Поздоровайтесь в начале и поблагодарите в конце!

Любое сообщение должно начинаться с обращения к слушателям. Следует поздороваться и, если возможно подобрать подходящую формулировку, сопроводить приветствие каким-либо обращением.	Anreden der Zuhörer auswählen; passend; begleiten
Правда, в современной России остается некоторая проблема с тем, как обращаться к малознакомым людям и к большой аудитории: советское *"товарищи"* теперь стало принадлежностью речи коммунистических деятелей, а дореволюционные *"господин"*, *"госпожа"*, *"сударь"*, *"сударыня"* и *"дамы и господа"* еще не вошли в язык окончательно и звучат немного старомодно и высокопарно.	Bestandteil überheblich
И тем не менее в официальной речи вполне возможно обращение *"Дамы и господа"*. Если вы можете позволить себе не абсолютно официальные отношения с аудиторией, то хорошо звучит приветливое обращение *"Дорогие друзья"*. И в очень многих ситуациях подходят и оказываются очень уместными обращения *"Дорогие коллеги"* или *"Уважаемые кол-	angemessen

леги". Если ваша аудитория однородна по профессиональному составу и вы хотите использовать вежливый и немного шутливый стиль речи, то подходят обращения типа *"Господа студенты"*, *"Господа бизнесмены"*. *"Господа преподаватели"* и т.д.   einheitlich

Само приветствие должно быть самым обычным: *"Добрый день"*, или *"Добрый вечер"*, или *"Здравствуйте"*.   gewöhnlich

Часто за приветствием должны следовать вступительные формулы вежливости:

> *Мне очень приятно открыть эту конференцию*
> *Я рад приветствовать вас в Вене (обращение к невенцам)*
> *Прежде всего мне хотелось бы поблагодарить за приглашение на вашу конференцию*
> *Прежде всего я хотел бы поблагодарить за предоставленную мне возможность рассказать здесь ...*

В конце доклада следует поблагодарить за внимание, причем иногда это приходится делать дважды - в конце основного текста, а потом в конце дискуссии: zweimal

> *Еще раз спасибо за внимание и за очень интересное и полезное для меня обсуждение*

6.2. Обязательно представьтесь!

Если в аудитории есть слушатели, незнакомые с Вами, то почти всегда следует начать выступление с нескольких слов о себе:

> *Разрешите мне представиться*
> *Позвольте мне представиться*
> *Сначала я хотел бы сказать несколько слов о себе*
> *С вашего позволения, я начну с краткой информации о себе*

Глава 6. Как найти и сохранить контакт с аудиторией?   47

Конечно, набор информации, которую следует сообщать, оказывается очень разным в зависимости от ситуации. Если вы защищаете дипломную работу, то достаточно произнести свое имя, фамилию, возможно, сообщить свою национальность и сказать, сколько семестров вы изучаете русский язык. Если вы выступаете на студенческой научной конференции, то также следует сообщить, в каком институте и сколько семестров вы учитесь и какова ваша специальность. В других ситуациях окажется необходимым назвать свое место работы и научную степень. А иногда может оказаться необходимым коротко рассказать историю создания той работы, которую вы представляете слушателям.

Auswahl

"einen Vortrag über die Diplomarbeit halten"

wissenschaftlicher Grad

6.3. Заботьтесь о контакте со слушателями!

По ходу выступления докладчик должен демонстрировать заботу о слушателе и стремление общаться с ним. Для этого следует использовать различные обращения и призывы к аудитории:

während Bestreben

Aufruf

> *А сейчас давайте проанализируем ...*
> *Рассмотрим теперь ...*
> *Видите, как необычно развивались события ...*
>
> *Подумайте - и это в момент, когда средняя заработная плата составляла менее 50 долларов!*
> *Сравните ...*
> *Представьте себе ...*
> *Вы уже, наверное, догадались, что ...*
> *И как вы думаете, что произошло дальше?*

betrachten

vergleichen

Если группа маленькая, можно по имени-отчеству (или по имени) называть отдельных членов группы:

> *..., как хорошо известно главному инженеру Александру Петровичу, ...*
> *..., мы уже обсуждали это с Василием Михайловичем, ...*
> *... впрочем, я знаю, что Алексей Владимирович в этом со мной не согласен.*

erörtern

> *... в чем Ирине Сергеевне пришлось убедиться на собственном опыте ...*
> *... как это уже было убедительно показано в докладе Светланы Петровны ...*

Если группа большая, следует почаще включать в речь такие формулы, как:

> *... как вы знаете ...*
> *... как вам известно ...*
> *... как уже было сказано ...*

Подобные вводные словосочетания позволяют говорить для тех, кто не знает или не помнит, не обижая при этом тех, кто знает и помнит.   Einleitungsfloskel beleidigen

Существует и такой любопытный прием: объясняя что-либо, можно использовать для обозначения абстрактного человека (вместо безличной формы) местоимение первого или второго лица. Ср.:   Bezeichnung

> *Просроченная задолженность - это значит, что я выполнил уже определенную работу, сдал ее заказчику, но денег не получил ...*

6.4. Будьте вежливы и уверены в себе во время дискуссии!

Вести дискуссию на сложную тему и тем более на иностранном языке – дело весьма непростое! К самому выступлению можно хорошо подготовиться, здесь все зависит только от вас, а вот ход дискуссии не всегда легко предвидеть. Стоит, однако, по возможности обдумать свои ответы заранее, во время подготовки.   voraussehen

- **К дискуссии надо готовиться!**

Готовясь к дискуссии, спросите себя: какие вопросы будут задавать слушатели, с чем они будут не согласны, что, скорее всего, вызовет у них возражения, какие приводимые факты повлекут вопросы о дополнительных деталях. И тогда даже, если вы не   Fragen stellen Widerspruch auslösen

Глава 6. Как найти и сохранить контакт с аудиторией?   49

являетесь профессиональным экстрасенсом, вам, наверняка, удастся предвидеть некоторые вопросы и возражения.	Hellseher vorhersehen

- **От Африки к червям!**

И пусть реальные вопросы немного отличаются от предусмотренных - обычно бывает нетрудно повернуть дискуссию в сторону той области, в которой вы хорошо разбираетесь. Есть австрийский анекдот про школьника, который выучил только классификацию червей, а ему на экзамене задали вопрос об Африке, и он в переделах одной фразы сумел перейти от темы Африки к теме червей (In Europa ist es warm. In Afrika ist es wärmer, die Wä[ü]rmer teilt man ein ...). Конечно, эта история не должна служить образцовым примером, но небольшая доза подобной стратегии бывает весьма полезна, и не стесняйтесь ее применять!	vorhersehen lenken sich auskennen Würmer im Rahmen Musterbeispiel derartig sich genieren anwenden
Вот реальный пример: докладчик говорит о проблеме введения новых денег в Российской Федерации, ему задают вопрос об Узбекистане, а он имеет сведения только о Грузии. Тогда он может ответить, например, так:	Informationen haben

"Да, это чрезвычайно интересно - сравнить проблемы введения новых денежных единиц в России с развитием собственной валюты в других странах. К сожалению, среднеазиатскими странами я почти не занималась, но также очень любопытно складывалась ситуация в кавказских республиках. В Грузии, например, ввели свою валюту, так называемый лари, в 1995 году, и ..."	"sich sehr interessant entwickeln"

Подобная стратегия поможет вам быть уверенным в себе и продемонстрировать свою компетенцию или хотя бы выглядеть компетентным.

- **Если ответа вы не знаете ...**

Если же вас все-таки загнали в тупик и выхода в виде удачного ответа не видно, то рекомендуется	Sackgasse, Enge geschickt

похвалить вопрос и спокойно признаться в том, что этим весьма интересным вопросом вы пока еще не занимались, хотя собираетесь это сделать в ближайшем будущем.

loben; zugeben

- **Вежливость, вежливость и вежливость!**

Базой для вежливого общения является установка на равноправные отношения, при этом принципиально исключается неуважительный и учительский тон, напористость, панибратские жесты и реплики. Помните, что всегда обсуждается только проблема, никогда не следует злоупотреблять ситуацией дискуссии для выяснения отношений!

höflich; Einstellung gleichberechtigt; geringschätzig; energisches Auftreten; familiär mißbrauchen; Beziehungsklärung

- **Слушайте до конца!**

Обязательно надо выслушать выступающего во время дискуссии до конца: если один из слушателей выступает с контрдокладом, то останавливать его не ваше дело - для этого, как правило, существует ведущий, и его реакции вы и должны спокойно ждать. Если ведущего нет, то реагировать придется вам, но делайте это очень осторожно, особенно, если не знаете, кто ваш собеседник.

Diskussionsleiter

Gesprächspartner

Если замечание из зала неправильное, не относится к теме или не уместно по какой-либо другой причине, то, тем не менее, реагируйте на него вежливо, смягчая критику:

angemessen

abschwächen

> "Мне кажется, что вопрос о конвертируемости узбекской валюты не совсем относится к рассматриваемой нами теме, хотя это очень интересный вопрос".

- **"Да, но ..."**

Часто в подобных ситуациях очень удобна стратегия "Да, но ..." - сначала в чем-то согласиться с собеседником, а потом ввести свою точку зрения, возможно, противоположную.

bequem

Gesprächspartner

Глава 6. Как найти и сохранить контакт с аудиторией?

> "Я понимаю вашу точку зрения и сама иногда сомневаюсь в целесообразности западных инвестиций в Россию в настоящий момент. Но дело в том, что если думать о будущем, то становится ясна перспективность российского рынка, а ведь только инвесторы "первой минуты" будут иметь шансы на выгодную позицию в 21 веке."

Sinnhaftigkeit

günstig

Только в крайнем случае и если вы уверены, что симпатия публики на вашей стороне и тот, кто поставил неприятный вопрос действует на нервы и слушателям, можно позволить себе мягко покритиковать оппонента или его вопрос.

überzeugt

auf die Nerven gehen

> "Простите, но вы, по-видимому, не очень внимательно слушали: я же говорил, что среднеазиатские страны в рамках сегодняшнего доклада рассматриваться не будут"/ "Простите, но этот вопрос не относится к теме сегодняшнего доклада и поэтому мне не хотелось бы на нем останавливаться."

- **Без вины виноватые ...**

Во всех остальных случаях лучше взять вину на себя: поверьте, это вам не повредит. Смело извиняйтесь в том, в чем вы вовсе не виноваты.

Schuld
schaden; mutig
schuldig

> "Простите, по-видимому, мне не удалось хорошо объяснить причины краткосрочной реформы валюты; я слишком спешила, и, наверное, забыла привести конкретные цифры".

Ведь если вы вежливо, мягко, но достойно прореагируете пусть даже на очень глупое и агрессивное выступление, постаравшись смягчить и замять конфликтную ситуацию, то большинство слушателей, все понимая, останутся на вашей стороне.

würdevoll

versuchen abzuschwächen; nicht aufkommen lassen

Вежливое отношение к слушателям будет в глазах аудитории плюсом в вашу пользу!

höflich
Nutzen

Приводим модели для формулировки вопросов, ответов и иных высказываний, используемых во время дискуссии (в таблицах этой главы отчасти использованы материалы из книги Шахнорович 1990): — teilweise

- **Вопросы и просьбы к докладчику**

У меня к вам следующий вопрос: ...

Было бы интересно узнать, когда .../ как .../ почему/ ...

Меня интересует следующее ...

Вы коснулись в докладе такого вопроса, как .../ вопроса индустриализации ... Не можете ли вы сказать ...

В целом я согласен с точкой зрения докладчика, но все же мне хочется задать один вопрос ...

Я не совсем понял, что вы имеете в виду, когда говорите ...

Чем вы можете обосновать положение о том, что ... — begründen

Будьте добры, разъясните следующее утверждение ... — erklären; Behauptung

Следует ли из этого, что ...

Можно ли сказать, что ...

Может быть, вы более подробно остановитесь на ... — ausführlich

Как давно вы занимаетесь исследованием этого вопроса?/ ... этим вопросом?

У Вас есть статьи на эту тему?

Приходилось ли вам уже докладывать о проделанной работе? — einen Vortrag halten

Насколько тесно ваша тема связана с производством?/ практикой?

Меня интересует вопрос практического применения ... — Anwendung

Приведите, пожалуйста, примеры

Какой методикой вы пользуетесь при ...

Какими методами ...

Не могли бы вы сказать еще несколько слов о методике работы ...

Какими материалами вы пользовались в вашей работе?

Имеется ли какая-нибудь литература по

Глава 6. Как найти и сохранить контакт с аудиторией?

> этому вопросу?
> *Какое отношение имеет изложенное к теме вашей диссертации?*
> *Правильно ли я понял ...*
> *Повторите, пожалуйста*
> *Остановитесь, пожалуйста, более подробно на этом*
> *Дайте, пожалуйста, некоторые разъяснения тому, что вы сказали/ вашей точки зрения*   Erklärung
> *Что конкретно вы имеете в виду, когда говорите, что ...*
> *Чем можно обосновать вашу точку зрения?*   begründen; Standpunkt
> *Как это понимать?*
> *Нельзя ли уточнить вашу точку зрения?*
> *Не могли бы вы дать некоторые разъяснения?*
> *Я не совсем вас понял, не могли бы вы рассказать об этом более подробно?*

- **Выиграть время**

Так как во время дискуссии докладчик вынужден "экспромтом" отвечать на неожиданные вопросы, то часто оказывается необходимым обеспечивать себе лишние секунды на обдумывание ответа и поиск элегантной формулировки. Поэтому ниже будут приведены формулы, помогающие выиграть время.   aus dem Stegreif "gewinnen"

Zeit gewinnen

- **Ответы докладчика на вопросы**

> *Если я правильно понял, то вас интересует ...*
> *Попробую ответить на ваш вопрос ...*
> *Дело тут вот в чем ...*
> *Из этого можно сделать вывод, что ...*
> *Из этого мы заключаем, что ...*
> *Поэтому можно прийти к выводу ...*   zum Schluß kommen
> *Ответить на этот вопрос можно так: ...*
> *Я хотел бы обратить ваше внимание на то, что ...*
> *Прости, я хотел бы уточнить ...*   präzisieren
> *Постараюсь объяснить вам ...*
> *Попробую уточнить, что я сказал*

Дело в том что ... *Как мне кажется ...* *Я объясняю это тем, что ...* *Мне так кажется, потому ...* *Я так думаю, потому что ...* *Кроме (помимо) того, ...* *Следует (надо) добавить к сказанному, что*	hinzufügen
Сейчас поясню (расскажу, уточню), объясню *Я хотел сказать, что ...*	klären

- **Если возникло затруднение с ответом**

Я не могу сказать что-либо еще по этому вопросу *Я затрудняюсь привести более конкретные данные/ назвать какие-либо цифры* *Я не берусь ответить на этот вопрос* *... не имеет еще однозначного решения* *Этот вопрос остается пока открытым* *Вопрос требует дополнительного изучения* *Этот вопрос выходит за пределы темы, которую я хотел здесь рассмотреть, поэтому позвольте мне просто сослаться на следующую статью: ....* *Проблема требует дальнейшего изучения, и мы продолжаем эту работу* *Невозможно в нескольких словах ответить на все вопросы* *Есть следующие трудности в решении этой проблемы: ...* *Трудно в рамках устного выступления осветить все аспекты этой проблемы* *Трудно в коротком сообщении дать ответ на все вопросы* *Вся трудность заключается в том, что ...* *Это спорная проблема*	ich wage nicht eindeutig weitere Rahmen verweisen Schwierigkeit strittig

- **Выяснение точки зрения собеседника**

Каково ваше мнение об этой проблеме/ по этому вопросу? *Как вы смотрите на проблему (вопрос)?*

Глава 6. Как найти и сохранить контакт с аудиторией?   55

Как вы считаете? А как вы полагаете? Какова ваша точка зрения? А ваша точка зрения? Что вы об этом думаете? Как вы относитесь к проблеме (вопросу, словам, точке зрения, этому)? А вы что об этом думаете? А твое (ваше) мнение? Как ты считаешь? А как ты считаешь? Как по-твоему (по-вашему)? А ты что скажешь?	meinen eine Position vertreten

- **Введение собственной точки зрения**

По моему мнению ... Я придерживаюсь мнения, ... Я смотрю на проблему (вопрос) так ... Я считаю, ... Я полагаю, ... У меня такая (следующая) точка зрения ... С моей точки зрения, ... Я склонен думать, ... Думается, ... На мой взгляд, ... Мне представляется, ... Я думаю, ... Мое мнение таково: ... Я считаю, ... По-моему, ... На мой взгляд, ... Мне кажется, ...	vertreten den Eindruck haben

- **Реакция на объяснение**

Понял, спасибо Теперь мне стало ясно! После ваших слов я понял ... Большое спасибо за разъяснение (уточнение, добавление) Ах, вот оно что! Как я этого раньше не понял!	Erklärung; Ergänzung "Ach so ist das!"

| *Спасибо, теперь все ясно* |

- **Если надо возразить ...**

Учтите, что мы все любим, когда партнеры по коммуникации одобряют нашу точку зрения и выражают согласие, и не любим, когда нам возражают. Поэтому критиковать, возражать надо весьма осторожно и бесстрастно, всегда одновременно выражая уважение к собеседнику.

gutheißen
widersprechen
vorsichtig
leidenschaftslos

Ведь можно придерживаться разных мнений по научным вопросам и, тем не менее, уважать друг друга. У вас, наверное, тоже есть друзья или знакомые, которые выбирают другую политическую партию или другую религию или просто болеют за другую футбольную команду. Ваши друзья знают, что вы уважаете их, не смотря на разногласия. В официальной дискуссии тем более необходимо, чтобы собеседник знал о том, что вы в целом хорошо к нему относитесь:

Meinungen vertreten

Meinungsverschiedenheit

> *"Вы, очевидно, требуете сильной руки и, практически, диктатуры на современном этапе, считая, что так можно миновать переходный период, предшествующий демократии. Анализируя хаотичную во многих областях ситуацию в России, я могу понять эту позицию, но, тем не менее, придерживаюсь иного мнения. Ведь история много раз показывала, что диктатура не может привести к демократизации и что переходный период обязательно имеет много отрицательных черт."*

harte Hand

umgehen, ausweichen; vorangehen

Никогда не упрекайте слушателей в неосведомленности: ведь до того, как вы начали готовиться к докладу, вы тоже не были специалистом по данной теме.

beschuldigen; Unwissenheit

Итак, научитесь возражать твердо по содержанию, но мягко по форме и исключите иронию и сарказм из своего репертуара.

vermeiden

- **Не отвечайте односложно**

Глава 6. Как найти и сохранить контакт с аудиторией?

Односложные реакции "*Да*"/ "*Нет*" звучат как на суде или в милиции, и докладчик выглядит как подсудимый. Поэтому всегда разворачивайте реплики: для этого можно, например, повторить часть вопроса, или можно использовать выражения, типа:

einsilbig
Gericht
Angeklagter; erweitern

> "*Этим вопросом я занимаюсь уже некоторое время, так что смогу ответить очень коротко и уверенно: да.*"

- **Согласие**

Я поддерживаю эту точку зрения/ эту мысль/ это мнение	unterstützen
Я полностью разделяю ваше мнение/ вашу точку зрения	
Я придерживаюсь того же мнения	Meinung vertreten
Я присоединяюсь к этой оценке/ этому мнению	sich anschließen
С этим нельзя/ трудно не согласиться	
Это не вызывает сомнения	hervorrufen
Все сказанное справедливо/ верно	
Вы правы/ ты прав	
Вы абсолютно правы	
Совершенно верно	
Да, верно	
Правильно	
Да, это так	
Я с вами/ с этим согласен	
У меня такое же мнение	
Я тоже так думаю	
Да, конечно	
Не спорю	
Это бесспорно	unbestreitbar
Безусловно/ несомненно, это так	

- **Несогласие**

Иногда, конечно, придется выразить свое несогласие с оппонентом и ниже приводятся речевые модели с этим значением, но учтите, что самые резкие обороты ("Абсолютно не верно" и т.д.) можно исполь-

Uneinigkeit

scharf

зовать только если вы выражаете несогласие с мнением кого-либо, не присутствующего в зале (например, вам процитировали точку зрения В. Жириновского и спросили, как вы к ней относитесь).   Standpunkt

ния	Я не разделяю ваше мнение/ вашу точку зрения	teilen
	Боюсь, что вы не правы	
	Это не совсем так	
	Я не уверен, что это так	
	У меня иное мнение	
	Я не могу присоединиться к этому мнению	sich anschließen
	С этим невозможно/ трудно согласиться	
	У меня это вызывает большие сомнения	
	Я позволю себе с вами не согласиться	sich erlauben
	Я смотрю на этот вопрос иначе	
	Вы не правы/ ты не прав	
	Вы абсолютно/ совсем/ далеко не правы	
	Абсолютно/ совершенно не верно	
	Нет, это неверно	
	Это абсолютно неправильно	
так	Нет, это не так/ совсем не так/ далеко не	
	Я с вами не согласен	
	У меня другое мнение	
	Я так не думаю	
	Ничего подобного	
	Как раз наоборот, ...	
	А я думаю, ...	
	А мне кажется дело обстоит иначе	
вания/ этой мысли	Я не уверен в правильности этого высказы-	Äußerung
	Трудно с уверенностью утверждать это	Überzeugung; behaupten
	Это маловероятно	
	Это вызывает сомнение	
	Вы не ошибаетесь? Вряд ли это возможно	sich irren; kaum
	Я сомневаюсь, так ли это	
	Я бы так не сказал	
	Над этим нужно еще подумать.	
	Разве? По-моему, ...	
	Тут что-то не так	
	Ты не ошибся? Мне кажется, что ...	
	Так ли это? Вряд ли/ Едва ли	

Глава 6. Как найти и сохранить контакт с аудиторией? 59

Иногда нужно будет не возражать прямо, а только высказать сомнение по поводу сказанного. Для этого рекомендуем следующие модели: Zweifel; bezüglich

- **Удивление**

Не может этого быть! Здесь какая-то ошибка!	
Это просто невероятно!	
Что вы говорите! Это трудно себе представить!	
Вы думаете, что это возможно?	
Это для меня большая неожиданность!	Überraschung
Я к этому не был готов	
Этого я не мог предвидеть/ ожидать!	
Неужели? Я не слышал об этом!	Nein wirklich?
Вот как? Я этого не знал	
Правда? Как же так?	
Никак не ожидал!	
Вот неожиданность!	
Вот тебе и на!	Nein so etwas!
Вот так так!	

Глава 7. Как держаться?

7.1. Что такое невербальная коммуникация?

"Man kann nicht nicht kommunizieren!" – сказал П. Вацлавик. Это значит, что мы волей-неволей всегда передаем какую-то информацию, при этом не только словами, но и тем, как говорим – быстро или медленно, громко или тихо ... – тем, куда и как смотрим, выражением лица, мимикой, тем, как сидим, как держим руки и т.п. Само собой разумеется, что и фактом молчания мы передаем информацию о себе: проявляем отсутствие интереса, незнание, раздражение, грусть или еще что-нибудь.
ob wir wollen oder nicht

leise; Gesichtsausdruck

zeigen
Fehlen; Zorn
Traurigkeit

- **Невербальная информация важнее вербальной!**

  Как правило, мы не отдаем себе отчета в том, как держимся, и все невербальные знаки подаем неосознанно. Тем не менее, наши собеседники на них реагируют, и, что самое существенное, в случае несовпадения смысла слов со смыслом жестов и телодвижений, больше верят как раз невербальным компонентам коммуникации. Отсюда и такие представления, как: "У него бегают глаза – он лжет" или материнское требование: "Где ты была вчера вечером, смотри мне в глаза!"
  "wir äußern die nonverbalen Zeichen unbewußt"; Unterschied der Bedeutung; Körperbewegung
  lügen

  Конечно, из неверного или неинтересного содержания и самая эффектная манера держаться не сделает хорошего доклада, но ценное содержание колоссально выигрывает от удачной упаковки! Поэтому необходимо помнить и о внешней стороне выступления.
  wertvoll
  gewinnen

7.2. Какие невербальные факторы надо учитывать?

- Сидеть или стоять во время выступления?

Глава 7. Как держаться? 61

Если по какой-то причине хочется подчеркнуть свою близость к аудитории, то рекомендуется сидеть так, чтобы быть на одном уровне со слушателями. Если же, что случается чаще, надо подчеркнуть авторитетность своих слов, следует стоять: простой факт возвышения над слушателями, взгляд говорящего на публику сверху придают ему авторитет.

höhere Position
von oben; verleihen

- **Стоять на месте или ходить?**

Ответ на этот вопрос простой: нет необходимости в том, чтобы стоять, как памятник, но взволнованно бегать взад-вперёд, как тигр в клетке, гораздо хуже, чем просто спокойно стоять.

nervös
vor und zurück; Käfig

- **Какую позу предпочесть?**

Стоять надо не как дерево при сильном ветре, с трудом удерживая равновесие, а уверенно, на двух ногах, распределяя вес тела на обе ноги одинаково, и лучше ни к чем не прислоняться.

das Gleichgewicht halten; aufteilen
sich anlehnen

Если вы сидите, то, с одной стороны, нельзя сидеть на краешке стула, как будто стесняешься или готовишься убежать, но, в то же время, нельзя чрезмерно разваливаться – это будет знаком пренебрежения к слушателям, фамильярностью. Не стоит далеко отклоняться назад, скорее, хорошо чуть-чуть наклониться вперёд, в сторону слушателей. Никогда ни при каком разговоре, требующем убедить в чем-то собеседников, нельзя сидеть нога на ногу – это, как и скрещенные руки, знак отстранённости от собеседника, попытки отгородиться и защититься от него.

äußerster Rand; sich schämen
übermäßig; sich entspannen; Verachtung; sich lehnen
sich beugen

"mit überkreuzten Beinen"; verschränkte Arme; sich abkapseln

- **Куда и как смотреть?**

Созданию впечатления авторитетности способствует открытый, смелый взгляд в глаза слушателю, то одному, то другому. При этом эксперты по риторике рекомендуют движение взгляда слева направо. Из этого явствует то, что уже было сказано: ни в коем случае нельзя читать – ведь одновременно смотреть и в рукопись, и на слушателей невозможно.

Eindruck; begünstigen

klar werden

• **Куда деть руки?**

Руки, засунутые в карманы придают несерьезный, слишком расслабленный вид, а почесывание в затылке во время публичного выступления смотрится вообще ужасно. Также ни при каком серьезном разговоре недопустимо производить руками какие-либо нервные, рефлекторные движения – например, постукивать по столу или вертеть ручку. Это создает впечатление неуверенности, нервозности, и, к тому же, отвлекает и нервирует собеседников.

in die Taschen stecken; entspannt; sich kratzen; Nacken; ausschauen
unzulässig

klopfen; drehen
Unsicherheit, Nervosität; ablenken

Руками либо следует держать иллюстративные материалы или карточки, на которых записаны основные пункты вашего выступления, либо умеренно жестикулировать. Если вам трудно избавиться от рефлекторных движений рук, то есть крайний способ борьбы с этим – держать одну руку другой за запястье. Может быть, вы замечали, что именно в такой позе обычно сидел во время деловых бесед бывший австрийский федеральный канцлер Ф. Враницкий – видимо, у него хороший тренер.

mäßig gestikulieren
sich befreien von
"effektives Mittel dagegen zu kämpfen"; Handgelenk

• **Стоит ли жестикулировать?**

Да, умеренная жестикуляция во время доклада необходима, но она должна быть абсолютно естественной. И учтите, что русская традиция допускает даже более активную жестикуляцию, чем австрийская.

mäßiges Gestikulieren; natürlich zulassen

Но если вам надо показать что-то на проекции кодоскопа, то делайте это не рукой на экране, волей-неволей загораживая часть изображения, а ручкой на пленке. Это гораздо элегантнее и позволяет освободить руки для других жестов!

Overheadprojektor; gezwungenermaßen; verdecken; Folie

• **Как одеться?**

Приходится учитывать, что мир бизнеса довольно консервативен, и что следует одеваться соответственно. Не стоит во время важного для вас выступления демонстрировать пренебрежение условностями и щеголять потертыми джинсами. Если хотите

die Mißachtung der Konventionen; schä-

иметь успех, оденьтесь спокойно, выдержанно и достаточно официально.	bige Jeans zur Schau stellen; zurückhaltend
Женщина, даже во время официального выступления, может позволить себе быть одетой нарядно, смотреться женственно – особенно это принято у русских, не стремящихся делать вид, что деловая женщина – это ровно то же самое, что деловой мужчина. Но не надо и перебарщивать.	elegant stark übertreiben

- **Не бойтесь усилий – и все получится!**

В любой момент выступления докладчик должен чувствовать себя хозяином ситуации. Помните, что ответственность за удачу выступления лежит исключительно на ваших плечах. Слушатели пришли, и тем самым уже продемонстрировали свой интерес, но они ждут от вас выполнения их ожиданий, и никто не придет на помощь, если вы по ходу доклада потеряете красную нить. Публичное выступление – это всегда большая нагрузка!	Verantwortung; Erfolg; Vortrag Erfüllung den roten Faden verlieren Belastung
Но все когда-нибудь происходит в первый раз, а потом, с каждым следующим разом, становится удачнее и требует меньше усилий. В свои первые выступления стоит вложить время и душевные силы, но зато потом вы научитесь!	seelische und geistige Anstrengung
Старайтесь, и точно выбранный стиль поведения сделает аудиторию доброжелательной. Старайтесь, и все пройдет отлично!	wohlgesinnt
Желаем успеха! Ни пуха, ни пера!	Toi, toi, toi!

Глава 8. Как иллюстрировать?

- **Иллюстрации помогают поддержать внимание!**

Для выступлений, продолжающихся более, чем пять минут, различные визуальные иллюстративные средства являются необходимыми просто, чтобы поддержать внимание слушателей. Известно, что даже при очень интересной тематике через 20 минут после начала рассказа внимание аудитории резко падает. Поэтому-то и надо обязательно приготовить иллюстративные материалы. Конкретный их выбор, конечно, зависит от содержания вашего выступления, и следует запомнить, что ни слайды, ни видеофильмы, ни хэндауты – ни какой-либо другой иллюстративный материал никогда не следует делать самоцелью (l'art pour l'art).	dauern aufrechterhalten Dia; Handout Selbstzweck
Итак, перечислим наиболее распространенные визуальные средства: географические карты, плакаты, схемы (либо на доске, либо на пленке кодоскопа, либо в хэндауте), слайды, видеозаписи, магнитофонные записи, компьютерные демонстрации.	aufzählen Overheadfolie Tonbandaufnahme

- **Подготовьтесь заранее!**

Учтите, что любое выступление провалится, если заметная часть времени уйдет на поиски техника, который помог бы вам справиться с аппаратурой, или на прокручивание видеопленки в поисках нужного материала. Поэтому репетируйте использование аппаратуры чаще, чем хочется, и при малейшей неуверенности в том, что все пройдет гладко, выбирайте более простой вариант демонстрации.	"danebengehen" beträchtlich; Suche zurechtkommen Vor- und Zurück- spulen; einüben Unsicherheit glatt
Возможно, чрезмерное количество предосторожностей кажется вам излишним, но, поверьте: во время выступлений, особенно пока они не вошли в привычку, у вас и так возникнет достаточно проблем, и так наступит момент, когда вы вынуждены будете импровизировать. Поэтому все предвидимые трудно-	Vorsichtsmaßnahme "solange sie nicht Routine sind" beginnen, kommen vorhersehbar

Глава 8. Как иллюстрировать?   65

сти стоит устранить заранее! И поэтому же постарай-
тесь предварительно взглянуть на помещение, где вам   vorbereitend; sich
предстоит выступать – в знакомой обстановке начать   anschauen; Atmo-
будет легче.   sphäre

• **Кодоскоп – прошу любить и жаловать!**

В первую очередь рекомендуем вашему вни-
манию кодоскоп, так как это полифункциональный и   multifunktional
довольно простой и надежный в использовании аппа-   verläßlich
рат. Вот несколько советов по его использованию:
   - пленки лучше подготовить заранее, жела-
     тельно, на компьютере, шрифтом не мень-
     ше, чем 18, а лучше 24 пункта;
   - приготовьте для себя лист бумаги с тем же
     текстом, что на пленке кодоскопа, чтобы не
     оказаться вынужденным стоять все время у   "gezwungen sein"
     кодоскопа или, что абсолютно губительно   vernichtend
     для любого доклада, спиной к публике, ли-
     цом к экрану;   Leinwand
   - те места, которые вы комментируете, пока-
     зывайте не рукой, но либо ручкой на пленке,
     либо указкой на экране;   Zeigestab
   - самые важные для вас данные можно прямо
     во время выступления обвести или под-   einkreisen
     черкнуть красным – изменяющееся изобра-   sich verändern
     жение запомнится лучше. Это следует де-
     лать смывающимся фломастером, чтобы   abwaschbarer Faser-
     пленку можно было использовать и во вто-   scheiber
     рой раз;
   - данные, которые вы не собираетесь коммен-
     тировать, заретушируйте, иначе вы рискуете   wegretuschieren
     вызвать обсуждение именно этих фактов;   Erörterung
   - обязательно отрепетируйте, умеете ли вы
     правильно класть пленку на проектор, не
     переворачивая изображение вверх ногами,   umdrehen; Bild
     умеете ли не загораживать собой экран, по-   verdecken
     казывая что-то на нем.

И последняя рекомендация: когда кодоскоп
перестанет быть нужным, выключите его – ведь не-
нужное изображение отвлекает внимание, а шум вен-   Geräusch
тилятора мешает.   stören

- **Слушатель знает меньше вас!**

И чем бы вы ни пользовались – хэндаутами, кодоскопом или просто доской – не забудьте выписывать для зрителей все цифры, все малознакомые термины, а лучше и все ключевые определения – особенно если для части аудитории язык изложения не является родным. Все количественные и статистические данные сопровождайте иллюстративными материалами – это тот тип информации, который почти не усваивается со слуха. Помните, что вы – единственный человек в зале, который долго занимался этой темой и хорошо все понимает – для остальных она новая и, возможно, сложная, позаботьтесь о них!

"Was immer Sie auch benützen"

Schlüsselbegriff

"akustisch nicht aufgenommen werden"

Часть третья.
Техника контактирования с русскими

- **Различие мировосприятия**

В эпоху глобализации экономики международные контакты становятся все более привычными. Тем не менее, различия между культурой и менталитетом их носителей остаются и иногда сказываются с особой остротой. Здесь мы хотели бы обсудить несколько проблем, связанных с отличием русского мировоззрения и мировосприятия от западного. Если вам удастся учитывать эти особенности при общении с русскими, то контакт может оказаться более плодотворным.

sich auswirken;
Schärfe
Weltbild

fruchtbar

- **Ценности рыночной экономики**

Носители западной культуры иногда не учитывают, что в России сейчас происходят колоссальные перемены не только в политической и экономической сферах, но и в отношении важнейших общественных ценностей.

Например, при коммунизме такие понятия, как рынок, конкуренция или прибыль, носили весьма отрицательную окраску, а теперь, в условиях рыночной экономики, эти понятия обозначают основные рычаги хозяйственной деятельности. В первые годы перестройки в газетах можно было найти карикатуру, на которой милиционеры, поймавшие удачливого уличного продавца, раздумывали: "Орденом наградить или в тюрьму посадить?".

Hebel

ehren
Gefängnis

До сих пор частные торговые киоски, продающие в основном спиртное, сигареты, косметику (так называемые "коммерческие киоски"), заполонившие города, вызывают сильное раздражение у большинства населения, не имеющего возможности что-либо в них покупать из-за дороговизны. А многочисленные "челноки" (люди, зарабатывающие на жизнь перевозкой мелкооптовых партий товаров), с

alkoholische Getränke

Teuerung
fliegender Händler

трудом втаскивающие свои огромные полосатые полиэтиленовые сумки в переполненный общественный транспорт, почти всеми воспринимаются как знак того, что эпоха "отравлена духом торгашества". schleppen; gestreift; Plastiktasche

"durch miese Geschäftemacherei vergiftet"

Сочетание остатков советской антикапиталистической пропаганды со старинной русской культурной традицией пренебрежения материальными ценностями ради духовных плюс абсолютная финансовая несостоятельность большей части населения - вот причины враждебности очень многих к идеям рыночной экономики. Verachtung

Feindseligkeit

При этом, конечно, в крупных городах переход к западному экономическому мышлению произошел гораздо более полно, чем в деревнях. И в контакте с русскими, особенно в провинции, следует помнить, что все, связанное с рыночными экономическими отношениями, для многих не является столь само собой разумеющимся, как для европейцев. selbstverständlich

- Отношение к закону

В разделе об аргументации среди примеров хороших доводов специально не был приведен прием ссылки на закон. Это связано с тем, что отношение к закону граждан в России пока еще не соответствует тому, которое характерно для правовых государств. Verweis Gesetz Rechtsstaat

После 70 лет советского образа жизни у русских образовалось что-то вроде автоматического рефлекса: если есть закон, то надо придумать, как наиболее удачно обойти его. И любой русский готов сочувствовать и помогать другому в борьбе с законом или с любыми вносимыми государством или начальством правилами и ограничениями - впрочем, конечно, только до тех пор, пока нарушение не противоречит его **личному** представлению о нравственности. umgehen

Regel; Einschränkung Moral

Если в каком-нибудь подъезде русского дома найдется работающий кодовый замок, то приглядитесь повнимательней - наверняка, где-то рядом большими буквами написан код. А тот факт, что в западной стране человек, открывающий своим ключом Hauseingang mit Code zu öffnendes Schloß

Часть третья. Техника контактирования с русскими

подъезд многоквартирного дома, мог бы отказаться впустить туда постороннего, воспринимается русскими как образец бездушия.

ablehnen

Herzlosigkeit

Даже разумное и необременительное требование пристегивать ремень безопасности в машине в России не соблюдается, и почти любой шофер такси может сказать вам: "Да не надо застегиваться. Только переброcьте, для милиции!"

nicht aufwendig
Sicherheitsgurt

sich angurten
drüberlegen

- **Любовь к потустороннему**

Русские в большей степени, чем европейцы, верят в предопределение. Событийная детерминация жизни - это и есть основной смысл традиционного понятия "судьба"; само слово судьба в языке - синоним слова жизнь (см. Радзиевская 1991, стр. 64-72). Такое представление о судьбе в какой-то степени нивелирует сверхусилия в работе, в продвижении по службе.

Vorherbestimmung

Schicksal

übermäßige Anstrengung

- **"Вот деловой нашелся!"**

Вообще, в традиционном русском отношении к миру, человек, который вкладывает много усилий в деловую сторону жизни, не является положительным героем. В современной речи существует слово "деловой" как характеристика некоторой стороны личности, и эта характеристика отнюдь не является положительной. И если в реплике: "Ну, ты деловой!" осуждение звучит не всегда, то уж удивление в ней есть точно. Быть "деловым" для русского - это не норма. "Карьеризм" и "честолюбие" - это нечто традиционно заслуживающее осуждения. Дело в том, что все эти понятия часто воспринимаются как противопоставленные идеям доброты и стремления к нематериальным ценностям.

positiv

keinesfalls

Verurteilung

Ehrgeiz
verdienen

Güte
Wert

Соответственно, и такие свойства, как дисциплинированность, точность и аккуратность не являются типично русскими добродетелями. Не случайно диалог: "... свой талант у всех ..." - "У вас?" - "Два-с: - умеренность и аккуратность", - характеризует одного из самых отрицательных героев русской классической

Genauigkeit
Tugend

Mäßigkeit

литературы - подлеца Молчалина из комедии "Горе от ума" Александра Грибоедова. Schurke

Русский может быть бесценным, талантливым и трудоспособным сотрудником и при этом опаздывать всегда и везде. Вот русская шутка, характеризующая немцев: когда в гости зовут к семи, то без пяти семь все приглашенные собираются под дверью и по секундомеру отсекают время, чтобы ровно в семь нажать кнопку звонка, а хозяйка ровно без двух минут семь начинает разливать суп по тарелкам. Как вы понимаете, у русских так не бывает: как правило, процедура сбора гостей растягивается на несколько часов. sehr wertvoll

Klingelknopf

sich ausdehnen

В восприятии русских, дисциплинированность и аккуратность - это типичные свойства немцев и австрийцев, одновременно вызывающие восхищение, но и забавные, странноватые. Begeisterung
witzig; ein bißchen sonderbar

• **Деньги - это стыдно!**

Из все того же противопоставления материальной и духовной сторон жизни вытекает очень специфическое отношение русских к деньгам. Суть его сводится к следующей идее: "Думать о деньгах - это стыдно!" Gegenüberstellung
geistig

peinlich, eine Schande

Поэтому, например, когда русские вместе идут в кафе, то платит обычно кто-нибудь один, а остальные потом отдают ему **приблизительную** сумму, причем заплативший, как правило, пытается отказаться. Идея точно считать, кто сколько истратил, кажется русским нелепой. Вот еще одна русская шутка о немцах: когда трое немецких профессоров ехали со своим гостем - русским профессором - в трамвае, они проявили любезность и не разрешили ему самому заплатить за проезд, но сложились - и каждый заплатил треть. ablehnen

absurd

zusammenlegen

Все денежные расчеты при неделовом общении русские пытаются проводить незаметно, по возможности, не акцентируя на них внимания ("Говорить о деньгах стыдно!"). Поэтому часто деньги при расчетах (скажем, с репетитором или няней) отдаются в Nachhilfelehrer;

Часть третья. Техника контактирования с русскими

конверте - чтобы было незаметно, чтобы сделать вид, что отношения строятся не на деньгах. — Babysitterin, Beziehung

Впрочем, описанный выше взгляд - это, конечно, взгляд интеллигенции: совсем иначе смотрят на мир "новорусские", измеряющие в деньгах все. Вот типичный анекдот. "Новорусский" приходит в роддом и разговаривает с врачом, врач сообщает ему вес ребенка: "Поздравляю. У вас родился сын. Три шестьсот". "Нет проблем," - отвечает новорусский, извлекает бумажник и отсчитывает 3600 долларов. — Geburts-, Gebärklinik, Gewicht, Brieftasche

Только одна традиционная русская черта сохраняется в "новорусском" отношении к деньгам - безудержная и бессмысленная щедрость ("Думать и говорить о деньгах - пожалуйста, но вот нуждаться в деньгах, жалеть их, беречь их - вот это очень стыдно!"). — Großzügigkeit

Вот несколько русских поговорок о деньгах из сборника "Пословицы русского народа" В. Даля (том 1, 1984, стр. 61-62):

> *Богатый никого не помнит – только себя помнит. Будешь богат, будешь и рогат. Кто богат, то и рогат.*
> *Деньгами души не выкупишь.*
> *Пусти душу в ад, будешь богат.*
> *Грехов много, да и денег вволю.*
> *Будешь богат, будешь и скуп.*
> *Без денег сон крепче.*
> *Много денег – много и хлопот (или: забот).*
> *Меньше денег – меньше хлопот.*

Seele
Hölle
Sünde
geizig

Sorge

- **Авось пронесет!**

Также очень характерна для русских нелюбовь к предусмотрительности, осторожности, так называемая установка "на авось", то есть надежда на лучшее, безотносительно к реальным обстоятельствам. Вот сюжет известного рассказа А. Чехова. Мужик везет барина по знакомому пути очень быстро и лихо, несмотря на отвратительную дорогу и плохую погоду. Барин пытается вразумить его, уговорить — Vorsorge, "auf's Geratewohl", unabhängig, Bauer, Gutsherr, kühn, zur Vernunft bringen ехать осторожнее, но мужик все время отвечает: "Ничего, не впервой!". И вот они влетают в яму, переворачиваются и мужик огорченно комментирует: "И каждый раз, на этом месте!.." — "Geht schon, es ist nicht das erste Mal"; Grube

Именно эта национальная черта характера объясняет, почему русские бизнесмены для заграничных командировок страховку от болезни и несчастного случая покупают только, если это является обязательным условием для получения визы: "Авось, не заболею, авось, ничего не случится". Имеет место глубокое убеждение в том, что все равно произойдет то, что должно произойти, а возможности что-то изменить, купив страховку или другим путем, практически нет. — Versicherung; Unfall; "wenn ich Glück habe"; geschehen, sich ereignen

Приведем несколько русских поговорок из того же сборника В. Даля (том 1, 1984, стр. 37-53), иллюстрирующих это свойство русского характера:

Дал бог день, даст и пищу.	
Иного за стол сажают, иного из-под стола гоняют.	
Глупому счастье, умному бог дает.	dumm
Надейся добра, а жди худа! Проси добра, а жди худа!	das Böse
Что будет, то будет, того не минуешь. Что будет, то будет; а будет то, что бог даст.	vermeiden
Судьба придет, ноги сведет, а руки свяжет.	binden
Судьба не авоська.	
Счастье, что страсть: на кого захочет, на того и нападет.	Leidenschaft
Кому чин, кому блин, а кому и клин.	
Кому того-сего, А кому и ничего.	
Счастье – не лошадь: не везет по прямой дорожке.	

- **Социальная роль женщины**

В русском обществе женщины играют во многих отношениях иную роль, чем в Европе. В каком-то смысле они менее зависимы: так, например, русским женщинам не приходит в голову определить себя как чью-то жену, что характерно для определен- — abhängig

Часть третья. Техника контактирования с русскими

ных кругов, скажем, австрийского общества - многие русские женщины, выходя замуж, даже не меняют фамилию. ändern

Только в молодом поколении австрийцев стало нормальным то, что женщины работают и тем самым становятся менее зависимыми от мужчин. У русских же женщины после революции работали всегда, и вопрос "Ваша жена работает?" по-русски звучит странно, как будто спрашивается о том, инвалид ли она. Впрочем, и это меняется в среде новорусских, для которых жена - дорогая игрушка. Generation

Spielzeug

Тем не менее, во многих отношениях распределение ролей между мужчинами и женщинами в России довольно традиционное и принятие мужчиной некоторой доли хозяйственных забот – явление совсем не нормальное, за исключением, разве что, интеллигенции. Übernahme
Anteil

И при этом, работая и принимая на себя все бытовые обязанности, в традиционной советской семье женщина почти всегда играла ведущую роль, решая все за всю семью, ведя мужа по жизни. Вот анекдот 70-х годов. У жены спрашивают: "Кто какие вопросы решает в вашей семье?" "Ну как, я решаю мелкие вопросы, бытовые: "покупать ли машину," "в какой институт поступать сыну", "выходить ли дочери замуж" - а муж решает важные вопросы, государственные: "ехать ли Брежневу в Америку", "надо ли воевать с Китаем" ..." Haushaltspflicht

führen

klein, unbedeutend

Krieg führen

- **Женщина должна быть женщиной!**

Отношение к феминизму в России более критическое, чем в Австрии. Русской женщине до сих пор доставляет удовольствие чувствовать себя женщиной. Поэтому хорошо воспитанные русские мужчины пропускают женщин в дверь, носят за них тяжести (да и дамскую сумку в России может нести мужчина - "Женщина не должна нести ничего"), помогают одевать пальто. Vergnügen bereiten
"den Vortritt lassen"
schwere Sachen

Если в Западной Европе необходимо внимательно учитывать проблемы, связанные с правами женщин, например, не забывать употреблять формы женского рода при обозначении лиц женского пола, то в России пока равнодушно относятся к подобным языковым тонкостям.

gleichgültig
sprachliche Feinheiten

- **"Давайте говорить друг другу комплименты - ведь это все любви счастливые моменты"**

Из-за отсутствия идей феминизма комплименты мужчин в адрес женщин - их внешности, очарования, ума, профессионализма - в России - вещь обычная и даже необходимая, причем, в профессиональном общении тоже. И русским женщинам не приходит в голову мысль: "А мужчине он бы комплимента не сделал - он унижает меня, подчеркивая, что я не мужчина". Обидным для русской женщины будет скорее полное отсутствие внимания к ней как к женщине.

Fehlen
Äußeres
Charme

erniedrigen

Fehlen

Это может повлечь к недоразумениям при общении русских с европейцами. Такое случилось, например, по ходу деловой беседы об интернете между русским экспертом - мужчиной и австрийским экспертом - женщиной. Русский мужчина дважды упомянул, что сидит перед обаятельной женщиной, которая к тому же еще и компетентный специалист в своем деле. Австрийской женщине это было неприятно: ведь партнеру-мужчине такого бы никогда не сказали - его компетентность не подлежит сомнению. Между тем, для русского это, напротив, было единственно возможной вежливой формой поведения, которая вовсе не означала, что он не воспринимал собеседника всерьез.

Mißverständnis

charmant

Zweifel

höflich; Verhalten ernst nehmen

- **Поверьте, русские стоят любви и уважения!**

Быть может, вам кажутся странными какие-либо из перечисленных черт русского менталитета, но поверьте, положительных свойств у русской нации не меньше, чем отрицательных. Кроме того, в настоящий момент многие русские очень стремятся к междуна-

aufzählen
positiv; Eigenschaft

родному сотрудничеству и для них важно соответствовать общепринятым западным деловым стандартам. Поэтому русский, вступающий в контакт с западным партнером, скорее всего сумеет справиться со всеми чертами своего характера, мешающими деловому общению.

entsprechen

in Kontakt treten
zurechtkommen

И, возможно, именно в сотрудничестве с русским партнером вам будет сопутствовать успех: – ведь, пожалуй, главные из положительных сторон русского характера – это талант, творческий подход ко всему, способность к искреннему, неформальному общению и стремление к преобладанию духовного над материальным.

Zusammenarbeit
begleiten

kreative Einstellung
aufrichtig; ungezwungen; Überwiegen

Часть четвертая.
Упражнения и материалы для преподавателя

Глава 9. Упражнения

Упражнение 1: тема "анкетирование".

1) Составьте анкету, адресованную российским фирмам для работы на тему: "Организация торговой рекламы частными российскими фирмами".

2) Составьте анкету, адресованную российским фирмам для работы на тему: "Социальный состав служащих крупных российских банков".

Упражнение 2: тема "название".

Как вы думаете, являются ли удачными приведенные ниже названия студенческих работ? Почему? Как по-другому можно было бы назвать работы на ту же тему?
1. Ситуация банковского сектора России.
2. Экономическая политика российского правительства на фоне предвыборной борьбы: проблемы внешней торговли, позиция промышленно-финансовых групп.

Упражнение 3: тема "название".

1) Быстро просмотрите текст 2 и придумайте возможные названия для реферата по нему.

2) Быстро просмотрите текст 3 и придумайте возможные названия для реферата по нему.

Упражнение 4: тема "структура".

Быстро просмотрите текст 8 и составьте его план.

Упражнение 5: тема "аргументация".

1) Прочтите текст 2 и сформулируйте аргументы к тезису: "Российское законодательство о товарном знаке не совершенно".

2) Найдите в тексте 8 примеры аргументов и сформулируйте аргументируемый тезис.

Упражнение 6: тема "реферат".

1) Найдите грамматически и стилистически неудачные места в тексте 1 и предложите свой вариант.

2) Сформулируйте, считаете ли вы текст 1 удачным рефератом и почему.

3) Перепишите текст 1 так, чтобы получился хороший реферат, но не добавляйте никаких новых фактов.

Глава 9. Упражнения

Упражнение 7: тема "реферат".
1) Напишите вступление, заключение и план основной части для реферата по тексту 2.
2) Напишите вступление, заключение и план основной части для реферата по тексту 4.

Упражнение 8: тема "резюме".
1) Напишите резюме по тексту 5.
2) Напишите резюме по тексту 7.

Упражнение 9: тема "Структурируйте как можно четче!"
Найдите в тексте 8 примеры разного типа реплик докладчика, предназначенных для того, чтобы сделать структуру устного сообщения эксплицитной.

Упражнение 10: тема "Учитывайте особенность слухового восприятия!"
Найдите в тексте 8 примеры разного типа реплик докладчика, предназначенных помочь слушателям воспринимать информацию на слух.

Упражнение 11: тема "представление".
1) Вы подходите к преподавателю, чтобы записаться в его семинар. Как вы будете представляться?
2) Вы пришли в офис к господину Рубашову Илье Петровичу, юристу, чтобы попросить его о консультации. Вам рекомендовала обратиться к нему его знакомая Семенова Алла Ивановна. Придумайте себе имя, специальность, национальность, дело. Как вы будете представляться?
3) Смоделируйте ситуацию: вы пришли в агентство по трудоустройству в Ижевске к Валовой Ольге Даниловне для того, чтобы она помогла вам найти секретаря-переводчика на время вашего пребывания в Ижевске. Придумайте себе имя, специальность, национальность, срок, на который вы приехали.

Упражнение 12: тема "Заботьтесь о контакте со слушателем!"
Найдите в тексте 8 примеры разного типа реплик докладчика, предназначенных для установления контакта со слушателями.

Глава 10. Тексты на русском языке

Текст 1

Россия и Китай - две бывшие коммунистические страны

(Реферат австрийского студента)

СССР и КНР (Китайская Народная Республика) были двумя гигантскими коммунистическими государствами. Теперь уже нет Советского Союза, и в Китае положение тоже изменилось. Но вид и темп изменений в этих двух странах были различными.

В Китае 80 процентов населения работали в аграрном секторе. Поэтому население сначала получило землю, чтобы они смогли жить своим трудом. Одновременно Ден Сяопин реализовал глубокие экономические реформы. А теперь Китай располагает   verfügen über
хорошей экономикой, которая постоянно растёт, и он является важным торговым партнером многих стран.

С другой стороны, в СССР были мелкие пе-   klein
ремены. Первое место относительно экономики занимало военно-промышленное производство. Изменить   Rüstungsindustrie
это было очень трудно, ведь многие из политиков боялись утраты влияния в мире. Результатом реформ,   Verlust
которые в СССР были, прежде всего, социальные и политические, оказалось разложение этого государст-   Zerfall
ва.

Можно сказать, что в России сегодня есть демократия, а в Китае - экономический рост.

Что касается торговли между Россией и Китаем, интересен тот факт, что по темпам роста экспорта в Китай Россия занимает первое место. В течение первых пяти месяцев этого года русский экспорт возрос   zunehmen
почти на шестьдесят процентов. Он составил не меньше, чем около двух миллиардов долларов. По сравнению с Германией рост экспорта огромный. Германия смогла повысить экспорт в Китай только на около пяти процентов.

Из России Китай прежде всего ввозит комплектное оборудование, которое им нужно для модернизирования промышленных объектов в области энергетики, угольной промышленности и металлургии. Кроме того, КНР покупает вооружение из России. А русский рынок нуждается в потребительских и продовольственных товарах из Китая.

Между Китаем и Россией есть экономическая кооперация. Но нельзя из-за этого партнерства подвергать опасности другие внешнеполитические интересы России. Поэтому кажется безумным, что в России возникли некоторые голоса, которые думают о тесной ассоциации между этими двумя странами. Причина этого в том, что эти голоса хотят дать ответ на расширение НАТО. Но тесная связь между Китаем и Россией не только безумна, но и просто невозможна, потому что инвестиции в Китайскую экономику зависят от Запада. Кроме того, разница между этими странами слишком большая. Примером может служить сравнение числа населения: в Китае живет больше одного миллиарда человек, а в России "только" 150 миллионов. Благосостояние Китая тоже отличается от ситуации россиян.

Поэтому хорошие торговые связи и экономическое сотрудничество являются будущим.

Komplettausrüstung

Kohleindustrie

Konsumgüter; Nahrungs- und Genußmittel

gefährden

unsinnig

Wohlstand

Текст 2

Патентованный абордаж, или Paclan заплатит дважды

Статья Натальи Хорошавиной ("Коммерсантъ" 1994, №32, стр. 26-27) - дается в отрывках.

Европейский концерн пришёл в Россию - и с удивлением узнал, что его товарным знаком распоряжается московская фирма ...

verfügen

Едва успев появиться на российском рынке, продукция европейского концерна Paclan - упаковочные материалы для пищевых продуктов и всевозмож-

kaum
Verpackungsmaterial

ные предметы для домашнего хозяйства - вошла в разряд незаконно продающихся в России. Нет, речь идёт не о контрабанде. Дело в том, что в России товарный знак Paclan принадлежит вовсе не европейскому концерну, а небольшой местной фирме - АО "Московское патентбюро".

Schmuggel

По действующему законодательству любой магазин, который попытается торговать продукцией европейского концерна под соответствующей маркой, грубо нарушает права "Московского патентбюро". Названная российская фирма может изымать у торговцев такую продукцию, подобно тому, как это делали представители Pierre Smirnoff, разбивая бутылки с фальшивой польско-немецкой "смирновкой" чуть ли не под окнами коммерческих палаток.

verletzen
den Händlern abnehmen
zerbrechen

Утратив неожиданно для себя свой товарный знак, европейский концерн оказался перед следующей альтернативой: либо покупать лицензию на свой знак у "нового русского" владельца, либо оспаривать его права на знак, ввязавшись в длительную и дорогостоящую судебную тяжбу. Если стороны не договорятся, вся хозяйственная утварь под маркой Paclan, произведенная в Европе, должна будет исчезнуть с российского рынка - "Московское патентбюро" вправе обратиться к органам таможни с просьбой навсегда перекрыть доступ продукции под маркой Paclan на российский рынок и обещает, что так и сделает.

verlieren

anfechten

Gerichtsprozeß
Haushaltsgeräte
verschwinden

abstellen, beenden;
Zugang

Если вам кажется, что ваши дела идут хорошо, значит, вы чего-то не поняли

Европейский концерн Paclan объединяет три компании в Бельгии, Голландии, Германии и занимается производством и сбытом товаров для домашнего хозяйства - пакетов и плёнки из полиэтилена (для хранения продуктов питания, замораживания ледяных кубиков, для мусора), изделий из алюминиевой фольги, бумаги для выпечки, губок и мочалок для мытья посуды и т. д. ...

Folie
Einfrieren; Eiswürfel
Müll
Backpapier;
Schwamm

В 1992 году Paclan представлял свою продукцию на "Консумэкспо-92" и неплохо оценил свои пер-

einschätzen

спективы в России. Товар пошёл, фирменный знак нужно было зарегистрировать, и в июне того же года от европейского Paclan, из его бельгийского офиса, в Роспатент поступила соответствующая заявка. Однако в регистрации знака концерну было отказано: как выяснилось, несколькими днями раньше аналогичная заявка уже поступила - от АО "Московское патентбюро", представителям Paclan совершенно не известного. Причём зарегистрировать знак "Московское патентбюро" было намерено именно на те товары, которые предполагали продавать европейцы, - алюминиевую фольгу, пластмассовые материалы для упаковки, домашнюю и кухонную утварь и посуду.

    Antrag

    Vertreter

    planen
    Haushalts- und Küchengeräte

"Это обыкновенное пиратство", - заявил Павел Шорин, коммерческий директор предприятия "Паклан-Москва" (дочерняя компания Paclan GmbH., основанная для продвижения товаров на российский рынок). - "Московское патентбюро" просто присвоило нашу собственность, воспользовавшись несовершенством российского законодательства". Свою версию о нападении пиратов он обосновывает так: Paclan известен в Европе, и, узнав о том, что фирма собирается выходить на российский рынок, "Московское патентбюро" зарегистрировало чужой знак, чтобы затем продать его настоящим владельцам. "Иначе зачем патентной фирме, не имеющей никакого отношения к производству и торговле, знак для изделий из фольги и полиэтилена?" - злой умысел, по мнению г-на Шорина, очевиден.

    Promotion

    ausnützen

    fremd

    böse Absicht
    offensichtlich

По мнению же президента "Московского патентбюро" Виктора Чернышева, Paclan клевещет, пытаясь "сохранить свое лицо", а на самом деле всё было намного проще: "Идея зарегистрировать знак Paclan появилась у меня давно, - рассказал он. - И к европейской фирме это не имело отношения, тогда её на российском рынке и в помине не было ...

    verleumden
    "sein Gesicht wahren"

    "gab es nicht die leiseste Spur"

Впрочем, на этом список неприятностей Paclan не заканчивается. Если суд поддержит иск "Московского патентбюро" против концерна "Паклан-Москва", последний будет вынужден приостановить свою торговую деятельность в России и ещё вдобавок

    Liste
    Klage

    einstellen
    zusätzlich

лишится своего фирменного наименования, в котором, как можно заметить, содержится спорный знак ... — einbüßen

... И это ещё не всё. Чтобы заставить западную фирму считаться со своими правами, "Московскому патентбюро" не обязательно дожидаться решения суда. Существующее status quo позволяет "Московскому патентбюро" без судебного решения изымать из торговли товары под маркой Paclan. Виктор Чернышев заявил, что его фирма уже обратилась к торгующим организациям с соответствующим предупреждением.

— abwarten

— aus dem Handel entfernen
— Ankündigung

И если не купит у "Московского патентбюро" концерн Paclan товарный знак, то придётся ему или продавать совсем немаркированную продукцию (что может значительно сократить её сбыт), или разрабатывать специально для нашего рынка новый знак.

Отсюда и до суда

История о том, как отечественная фирма опередила западную в такой неведомой для россиян области, как патентное право, наверняка привлечёт внимание предпринимателей к родному законодательству. Ведь стать хозяином Paclan Московское патентбюро смогло благодаря не только расторопности, но и элементарному знанию российских законов.

— zuvorkommen
— unbekannt

— Geschick

Согласно российскому закону "О товарных знаках" при столкновении одинаковых знаков право на регистрацию сохраняется за тем, кто раньше обратился со своей заявкой в патентное ведомство. Надо сказать, наш закон не является новаторским - в большинстве стран принято, что в патентном споре побеждает тот, кто раньше начал регистрацию, независимо от того, кто первым использовал знак. Исключение составляет лишь американское законодательство, где первопользование является одним из условий регистрации знака.

— Warenzeichen
— Aufeinandertreffen; Konflikt
— Antrag

— Gesetzgebung

Однако российское законодательство основывается на жесткой регистрационной системе.

— streng

Таким образом, как бы ни было обидно концерну Paclan говорить с "пиратами", делать это придётся. Во-первых, никто не мешал концерну зарегистрировать свой знак в России, как только он вышел на российский рынок ... В "Паклан-Москва" задержку объясняют длительными согласованиями и консультациями внутри самой фирмы, что патентное ведомство совершенно не волнует. Во-вторых, и в Европе знак Paclan зарегистрирован совсем недавно (в разных странах с 1991 по 1993 годы), а не 15 лет назад, как утверждают представители концерна. Главным же аргументом в свою пользу в Paclan считают то, что "Московское патентбюро" не занималось и до сих пор занимается производством фольги, пластмассы и кухонной утвари. Видимо, поэтому юристы, выступающие на стороне западной фирмы, будут настаивать на версии "о пиратах и их злонамеренности".

      beleidigend

      Verzögerung

      behaupten

      bestehen auf
      böse Absicht

Однако, с этой точки зрения, позиции Paclan не столь уж беспроигрышны, как кажется, ведь по закону "О товарных знаках" любой предприниматель может зарегистрировать на свое имя товарный знак, при этом даже не занимаясь производством товаров, которые перечисляются в законе. К тому же товарный знак можно не использовать первые пять лет, так что у "Московского патентбюро" есть солидная фора. И необязательно этой фирме налаживать своё производство, достаточно будет предоставить кому-нибудь лицензию на товарный знак, или купить акции предприятия соответствующего профиля, или, что, на наш взгляд, ещё проще - заказать сотню-другую полиэтиленовых пакетов с надписью Paclan - вот вам и использование знака.

      gewinnsicher

      Vorsprung, Pluspunkt; etablieren

И всё-таки в позициях "Московского патентбюро" эксперты нашли уязвимое место. По мнению сотрудника объединения патентным поверенных "Союзпатент" Дениса Воеводина, этот конфликт - типичный пример недобросовестной конкуренции, и защищать права концерна Paclan нужно руководствуясь законом "О конкуренции и ограничении монополистической деятельности на товарных рынках". Сложность, однако, в том, что статья 10 этого закона, касающаяся собственно недобросовестной конкурен-

      verwundbar

ции, никогда ещё у нас не применялась, и поэтому до сих пор не ясно, чем будут руководствоваться судебные органы, квалифицируя деятельность предпринимателя как "недобросовестную конкуренцию". Злонамеренность "Московского патентбюро" придётся доказать, а это, как показывает опыт, большая проблема даже для западного законодательства. А пока доказательств нет, права "Московского патентбюро" на знак останутся непоколебимыми.

"unlauterer Wettbewerb"

unantastbar

Текст 3

Догоним и перегоним

Статья Ивана Глебова ("Коммерсантъ-DAILY" 24.4.1996, стр. 3) - дается в отрывках.

О том, что панельные хрущевские дома сыграли в 60-е годы особую политическую и социальную роль, известно всем. Мало кто, однако, догадывается, что не меньшую роль им предстоит сыграть на пороге третьего тысячелетия. Эту роль им определили власти двух крупнейших российских городов. В Петербурге подготовлена теоретическая база реконструкции пятиэтажек и для наглядности перестроена одна из них, превратившаяся в пижонский 9-этажный кирпичный дом. В Москве принята специальная массовая программа по реконструкции жилых домов "первого этапа индустриального панельного домостроения". Одну часть из них решено перестроить по петербургскому варианту, а другую – снести вообще, построив на освободившихся территориях новое жилье. Планы эти заставили затаить дыхание едва ли не каждого десятого жителя страны – сегодня "хрущевки" составляют 10% всего ее жилого фонда.

angeberisch

Plattenbauweise, Fertigteilbauweise

den Atem anhalten
"Häuser aus der Chruščev-Zeit"

Из Петербурга ...

Видимо, историей наложено на Петербург заклятье – выполнять революционные миссии. Именно на берегах Невы в 1957 году появилась первая панельная пятиэтажка, которую осмотрел тогдашний генеральный секретарь Никита Хрущев. Невысокому

böser Zauber, Verwünschung

fünfstöckiges Haus

Глава 10. Тексты на русском языке 85

лидеру так понравились малогабаритные квартиры, что он от избытка чувств расцеловал авторов проекта. Вскоре их попросили еще несколько упростить планировку, чтобы удешевить строительство. Затем создали домостроительные комбинаты и стали каждый день справлять новоселья. Ныне только в Москве более 36 млн квадратных метров жилья приходится на "хрущевки", из которых больше половины находится в критическом состоянии. Еще 10 млн квадратных метров в Петербурге. Всего в СССР успели построить более 80 тысяч пятиэтажек (250 млн кв. м).

klein
Überschwang der Gefühle; abküssen; vereinfachen

Впервые проблема реконструкции рассчитанных всего на 30 лет эксплуатации домов был переведена в практическую плоскость опять же в Петербурге. По распоряжению тогдашнего городского главы Владимира Ходырева была подготовлена программа их массовой реконструкции. Но жилищной перестройке помешала перестройка политическая, и подготовленный было проект оказался замороженным на пять с лишним лет. Пигмалионом, оживившим идею реконструкции пятиэтажек, выступило в прошлом году АОЗТ "Ленстройтрест-5". На собственные средства общество реконструировало аварийную и расселенную "хрущевку" в Петербурге, превратив ее в девятиэтажный кирпичный дом с лоджиями, лифтами и раздельными санузлами. Правда, скептики намекают на то, что для стройтреста эта реконструкция имела прежде всего рекламный характер, поскольку, как заявил Ъ инженер одной из конкурирующих строительных компаний, "перестройка пятиэтажек с технической стороны не является проблемой, однако, как и в случае с конверсией военных предприятий, самый дешевый способ будет все же самым радикальным – сломать, а на их месте построить новые".

Benützung

Verordnung

stoppen

an verschiedenen Orten; verwandeln; Ziegelbau; getrenntes WC und Bad;

Zeitschrift "КоммерсантЪ"

Konversion der Rüstungsbetriebe
abreißen

За счет надстройки четырех дополнительных этажей жилая площадь "хрущевки" увеличилась с 4,500 до 8,500 кв. м. Устойчивость подросшей пятиэтажки обеспечивают дополнительный фундамент и опоясывающая дом кирпичная "рубашка", которые к тому же на 25% сокращают теплопотери. Внутренняя перепланировка позволила разнообразить планировку квартир – от однокомнатных до пятикомнатных. На

"mit einem Ziegelmantel umgeben"; Wärmeverlust

верхних этажах расположены двухуровневые кварти- | Maisonette
ры. Каждая квартира имеет балкон, лоджию, входной | Windfang
тамбур, кухню более 10 кв. м, коридор, кладовые, ан- | Abstellraum; Zwi-
тресоли, встроенные шкафы. Гвоздь перепланировки | schengeschoß; Ein-
– раздельный санузел с ванной. Число квартир уве- | bauschrank
личилось с 90 до 108. Стоимость 1 кв. м составила
$350-400.

... в Москву и Казань ...

В прошлом году по стопам Никиты Хрущева | in die Fußstapfen
пошел и Юрий Лужков. Осмотрев в Петербурге об- | treten; erneuern
новленную пятиэтажку, он решил, используя опыт и
патент АОЗТ "Ленстройтрест-5", реконструировать
"хрущевки". В программных документах московского
правительства эта реконструкция названа одним из
приоритетных направлений деятельности. Так, по рас- | Priorität haben; Be-
четам правительства, за счет переделки панельных | rechnung
домов периода волюнтаризма только в 1996-1997 го-
дах можно будет получить дополнительно более 1,5
млн кв. м жилья. Правда, коммерческие застройщики | Inhaber der Bau-
и муниципальные строительные организации приня- | rechte
лись оживлять убогие пятиэтажки исключительно в | armselig
западном и юго-западном районах столицы. Там раз-
ница между себестоимостью реконструкции и ры- | Selbstkostenpreis
ночной стоимостью квартир достаточно велика, чтобы
принести значительную коммерческую выгоду за-
стройщикам.

Несколько иным путем пошли в Татарстане.
Согласно указу президента Шаймиева, решено взи- | einheben
мать с предприятий республики специальный трех-
процентный налог на реконструкцию жилого фонда,
средства которого приоритетно направляются именно
на реконструкцию пятиэтажек. Но по петербургскому
проекту.

В Петербурге, однако, возобладал скепти- | die Überhand gewin-
ческий подход. Информация конкурентов о том, что у | nen
"Ленстройтреста-5" устаревшая и дорогая технология
сделала свое дело. И в департаменте строительства
петербургской мэрии "не для печати" журналистам | Bürgermeisteramt
было сообщено, что АОЗТ просто хочет нажиться на | sich bereichern
трудностях города.

... и обратно

Только после скандальной забастовки у градостроительного комитета мэрии в Смольном состоялось совещание по проблемам панельных "гетто". Со своими расчетами на нем выступили специалисты четырех проектных институтов города, которые независимо друг от друга просчитали все экономические варианты реконструкции пятиэтажек. Итоговые цифры оказались таковыми: стоимость реконструированного 1 кв. м "хрущевки" вплотную приближается к рыночным ценам на жилье. И это при самых жестких режимах экономии – то есть без расселения жильцов, с обязательной надстройкой мансард для их последующей продажи, с применением самых дешевых стройматериалов. Первый вывод – реконструкция невыгодна.

Streik

Versammlung

ohne die Bewohner abzusiedeln

keinen Profit bringen

Отчасти с этим выводом можно согласиться, если не учитывать, что и в Москве, и в Казани реконструкция пятиэтажек проводится в сочетании с мерами, облегчающими окупаемость проектов. В сверхдорогой Москве дома реконструируются в престижных районах, а в Казани установлен спецналог целевого характера.

Deckung der Kosten, Amortisation
Sondersteuer

Тогда можно сделать вывод второй – реконструкция возможна при условии разработки системы налоговых и финансовых льгот как инвесторам, так и строителям. В Петербурге в качестве такого условия могут выступить кредиты Всемирного банка. Мэрия обещает также получение ссуд из петербургских коммерческих банков, привлечение средств населения через жилищные сертификаты и ипотеку.

Vorteil, Vergünstigung

Darlehen

Тем не менее большинство российских городов самостоятельно решить проблему "хрущевок" не в состоянии – нет ни денег, ни потенциальных инвесторов. Единственный выход, который видят их власти, состоит в разработке и принятии федеральной программы реконструкции устаревших панельных домов. Пока еще в России мало кто задумывается над феноменом американского строительства, при котором еще

Ausarbeitung
veraltet

вполне приличные здания сносятся для того, чтобы уступить место новым. В экономике, основанной на стремлении извлечь большую прибыль, давно решили – реконструировать и ремонтировать обходится дороже строительства с нуля.

abreißen
Platz machen
erzielen

Текст 4

Потерянный год

Статья Отто Лациса ("Известия" 4.1.1997, стр. 2) - дается в отрывках.

Печальное впечатление производят предварительные (по данным за 11 месяцев) итоги социально-экономического развития России в ушедшем году. Год несбывшихся надежд, год, потерянный для реформ, - так можно было бы охарактеризовать его.

sich nicht erfüllen

Даже немногочисленные позитивные процессы по большей части весьма противоречивы.

Снижается (второй год подряд) смертность населения. Но рождаемость снижается еще быстрее, и вследствие этого сокращение численности населения продолжается.

Sterberate
Geburtenrate

Уменьшается преступность, и растет процент раскрываемости преступлений. Но общее число преступлений остается очень большим, а по одной тревожной статье (преступления, связанные с наркотиками) отмечен быстрый рост: на 23 процента по отношению к прошлому году.

Verbrechen

Инфляция в 1996 году - самая низкая после 1990 года: индекс потребительских цен в ноябре превышал уровень декабря 1995 года на 20,1 процента (для сравнения: уровень ноября 1995-го был выше уровня декабря 1994-го на 124,1 процента). Но если посмотреть не год в целом, а динамику инфляции по месяцам, то сразу видно, что темп инфляции устойчиво снижается с января (104,1 процента) по август (99,8), а затем столь же устойчиво, из месяца в

Verbaucherpreis

месяц, растет. В ноябре прирост индекса цен составил 1,9 процента, если он будет таким темпом увеличиваться еще 2-3 месяца, то джинн, едва-едва загнанный в бутылку, выскочит снова: темп инфляции опять станет запретительным для инвестиций в реальном секторе. Это, кстати, наглядная иллюстрация к речам в парламенте на тему о том, что нам не помешало бы "немного эмиссии".

abfüllen

verbieten

Сохраняется и продолжает расти активное сальдо торгового баланса страны: 22,2 миллиарда долларов за 11 месяцев 1996 года против 18,9 миллиарда за тот же период 1995-го. Но сохраняется и даже усугубляется и сырьевая структура нашего столь успешного экспорта. Доля топливно-энергетических ресурсов в общем объеме экспорта за 10 месяцев 1996 года составила 46 процентов, доля металлов - 15 процентов, тогда как доля машин и оборудования - 9,4 процента.

sich verstärken; Rohstoff; energetische Ressourcen

Численность населения с денежными доходами ниже прожиточного минимума в январе-ноябре была на 12 процентов ниже чем за тот же период 1995 года. Но, во-первых, это все еще ужасающе много: более 32 миллионов человек, или 22 процента всего населения. Во-вторых, это все еще больше, чем было в начала 1994 года: шоковое воздействие "черного вторника" (11 октября 1994 года) на реальные доходы населения не преодолено и через два с лишним года. В-третьих, небольшое выравнивание доходов сопровождалось некоторым снижением их общего уровня: реальные располагаемые денежные доходы в ноябре 1996 года составили 98 процентов к уровню ноября 1995-го.

Existenzminimum

erschütternd

Schockwirkung

begleitet sein

Зерна в весе после доработки получено 69 миллионов тонн. Это заметно больше, чем в предыдущем неурожайном году (63,4 миллиона тонн), но гораздо меньше среднегодового сбора 1991-1995 годов (88 миллионов).

Getreide

mit schlechter Ernte Ernte

На этом придется прервать перечень позитивных или полупозитивных явлений. Дальше остаются негативные.

Aufzählung

Приостановка промышленного спада в течение ряда месяцев 1995 года не перешла, как можно было надеяться, в подъем в 1996-м. Более того, спад вновь несколько ускорился: за 11 месяцев промышленная продукция была на 5 процентов ниже, чем в предыдущем году, тогда как в 1995-м - лишь на 3 процента ниже, чем в 1994-м.

kurzer Stopp

sich beschleunigen

Утрачено важнейшее завоевание 1994-1995 годов: рост жилищного строительства. В 1996- м ввод жилья сократился на 10 процентов.

verlieren; Errungenschaft

Как и в прежние годы, сокращается сельскохозяйственная продукция. Общий объем ее в минувшем году сократился на 7 процентов, несмотря на возросший сбор зерна: сократилось производство сахарной свеклы, подсолнечника, картофеля, овощей, мяса, молока, яиц. Падает поголовье всех основных видов скота во всех видах хозяйств.

vergehen

Zuckerrübe
Sonnenblume
Stückzahl
Vieh

Впрочем, аграрный спад не является равномерно беспросветным. Если, скажем, поголовье крупного рогатого скота в сельскохозяйственных предприятиях сократилось за год на 13 процентов, то в фермерских хозяйствах - на 7, а в хозяйствах населения - на 2.

hoffnungslos
Rind

Еще более характерны изменения в растениеводстве. Производство сахарной свеклы по сравнению с уровнем 1990 года упало наполовину, зерна - более чем на треть, подсолнечника - на четверть. Все это культуры, возделываемые в основном (87- 95 процентов) в сельскохозяйственных предприятиях. В то же время производство овощей сохранилось на неизменном уровне, а производство картофеля за шесть лет возросло примерно на 20 процентов. А ведь более трех четвертей овощей и 90 процентов картофеля производится сегодня в хозяйствах населения. Они оказываются на поверку самыми эффективными. Но не для них предназначены триллионы, "выбиваемые" из правительства аграрным лобби нашей Думы.

Pflanzenzucht
Zuckerrübe

Gemüse

Самое тревожное: продолжающийся и даже

ускорившийся спад инвестиций в основной капитал: они сократились в минувшем году на 18 процентов (в 1995-м - на 13). И в этой отрасли - новые доказательства стойкости негосударственного сектора при слабости - государственного. 74 процента общего объема инвестиций в 1996 году осуществили негосударственные предприятия и организации (в январе-ноябре 1995-го - 67 процентов). Почти 80 процентов инвестиций осуществлено за счет внебюджетных средств. Лишь 9,9 процента - за счет федерального бюджета (в 1995-м - 11.4).

sich verringern
Beweis

Федеральной инвестиционной программой в 1996 году предусматривалось ввести 415 важнейших производственных и социальных объектов. На 1 декабря введены 15. На каждом четвертом объекте строительство не велось. Техническая готовность на большинстве из них - менее 50 процентов. Это значит, что включать их в пусковую программу нельзя было. А нужна ли такая программа?

Без особого шума почти втрое увеличился (по итогам девяти месяцев) объем иностранных инвестиций. Но шуметь, несмотря на столь резкий рост, пожалуй, не о чем. И в количественном, и в качественном отношении это еще не тот поток инвестиций, которого мы так ждем. Из общего объема почти 4,5 миллиарда портфельные инвестиции составили всего 31 миллион долларов. Инвестиции в промышленность - менее трети. Основная сумма инвестиций - различные кредиты, составившие около 2,5 миллиарда долларов. Главный источник роста зарубежных инвестиций - привлечение иностранных инвесторов на рынок ГКО - успех, прямо скажем, далеко не бесспорный.

lärmen

Quelle

unbestritten

Экономический рост в 1996 году не состоялся. Были ли абсолютно ошибочными прогнозы, отмечавшие его возможность? На мой взгляд, нет. Чисто экономическая возможность существовала, она не реализована прежде всего по политическим причинам.

falsch

Вот один только факт. За 11 месяцев население России направило на покупку валюты 222 триллиона рублей, или 18 процентов всех своих доходов. Фантастическая сумма, особенно в сравнении с накоплением сбережений во вкладах и ценных бумагах: 52 триллиона рублей, или 4 процента всех доходов. С учетом среднего за это время валютного курса рубля граждане России купили за неполный год не менее 40 миллиардов долларов. — Summe der Ersparnisse

Если вычесть по более или менее реалистичной оценке покупки валюты "челноками" для очередного оборота, покупки гражданами для трат на отдых за рубежом, а также нелегальные операции всякого рода - все равно остается не менее 20 миллиардов долларов просто на цели сбережений, часто "в чулке" - вдвое-втрое больше, чем доверил народ банкам. В ноябре доля сбережений населения во вкладах и ценных бумагах сократилась почти вдвое по сравнению с октябрем. Впервые в истекшем году произошел отлив вкладов населения в Сбербанке. — abziehen; fliegende Händler; "im Sparstrumpf"; vertrauen; vergehen

Как видим, деньги, которые можно превратить в нормальные сбережения, затем в кредитные ресурсы, и, наконец, в инвестиции - деньги в России существуют, и немалые. Не хватает умения привлечь их, а главное - не хватает у народа доверия к надежности экономической политики властей. — es reicht nicht; anziehen; Vertrauen

Разумеется, крайне тяжело сказалась на экономике продолжавшаяся в прошлом году война в Чечне, и это, вероятно, главная причина несбывшихся надежд на экономический рост. Разумеется, оказала свое пагубное влияние изнурительная предвыборная гонка с неизбежным потоком популистских обещаний и ослаблением внимания власти к повседневной экономической работе хотя бы в виде сбора налогов. Но обдумывая прошлогодние ошибки на пороге нового года, нельзя не признать: мы расплатились за остановку реформ, за отсутствие действенной политики поощрения экономического роста путем снижения расходов государства и вслед за тем - снижения налогов. — es versteht sich von selbst; sich auswirken; sich erfüллen; Hoffnung; erschöpfend; Wahlkampf; Schwelle; Anregung, Förderung

В 1997 году условия для реализации политики роста несравненно благоприятнее: и войны, будем надеяться, больше нет, и выборы не скоро, и ожидание операции на сердце президента осталось позади. Если правительство упустит и этот год, останется спросить: а есть ли у нас правительство?

Глава 11. Тексты на немецком языке

Текст 5

Rußland kämpft gegen Inflation

Статья Clemens Rosenkranz ("Der Standard" 28.11.1996) - дается в отрывках.

Löhne und bestellte Waren werden nicht bezahlt

Wien - Rußland hat den Erfolg im Kampf gegen die Inflation mit fragwürdigen Mitteln gewonnen. Um die Geldentwertung zu drücken, hat Moskau die Budgetausgaben nicht im voller Höhe ausgezahlt. Gleiches gilt für die Löhne der Beamten, der Staatsbetriebe und der Armee erläutert Peter Havlik vom Wiener Institut für Internationale Wirtschaftsvergleiche (WIIW) ...

Die Folge des Zahlungsrückstands Moskaus: Die Betriebe meinten mit einigem Recht, daß sie keine Steuern zahlen müßten, wenn sie vom Staat für Aufträge nicht bezahlt wurden. So seien im August nur 60 Prozent des Steuervolumens eingegangen, sagte Havlik. Die größten Steuersünder seien gleichzeitig auch die größten Betriebe wie der Erdgasriese Gazprom.

Drastische Attacken gegen Steuersünder

Gegen die Steuersünder gehe Moskau mit sehr drastischen Methoden vor. So wurde einfach Eigentum der Unternehmen beschlagnahmt oder ohne Wissen des Betriebs seine Bankkonten angezapft.

Die Folge der laxen Steuermoral sei ein explodierendes Budgetdefizit, das im ersten Halbjahr dies [sic!] Jahres auf 5,5 Prozent des Bruttoinlandsprodukts (BIP) kletterte, mit anhaltend steigender Tendenz. Weiter eingebrochen ist hingegen die Wirtschaftsleistung. Im ersten Halbjahr 1996 sank das BIP um weitere fünf Prozent, die Industrieproduktion um vier Prozent. Im Agrarsektor betrug das Minus sieben Prozent.

„Für das kommende Jahr erwarte ich ein leichtes Plus, schließlich ist es kaum vorstellbar, daß die Wirtschaftsleistung weiter sinkt", erklärte Havlik im Gespräch mit dem STANDARD.

Diese Erwartung gründe sich auf ein Anziehen der Inlandsnachfrage, bis jetzt habe vor allem die Auslandsnachfrage verhindert, daß der Produktionseinbruch noch stärker ausgefallen ist. Nicht erfüllt hätten sich hingegen bis jetzt die

Hoffnungen, daß nach dem Sieg Jelzins bei der Präsidentenwahl verstärkt ausländische Gelder nach Rußland fließen würden.

Diese seien aber notwendig, da die Investitionen drastisch eingebrochen seien. Im ersten Halbjahr 1996 sind sie erneut um rund 14 Prozent gesunken.

Der Staat habe ebenso wie die Unternehmen keine Mittel, um zu investieren, die meisten Betriebe seien nur um ihr Überleben bemüht, teilweise könnten sie nicht einmal ihre Lieferanten bezahlen, illustriert Havlik.

Potentielle inländische Investoren legten ihr Geld in hochverzinslichen Staatsobligationen, die sogenannten GKOs, an, erläuterte der Experte vom Institut für internationale Wirtschaftsvergleiche.

Текст 6

Erzeugernahe Dienstleister fangen den Job-Abbau nicht mehr auf: Industrie erlebt radikalen Umbruch

Статья Johannes Steiner ("Der Standard" 28.11.1996) - дается в отрывках.

Beschleunigter Strukturwandel läßt produktive Beschäftigung dramatisch schrumpfen

Wien - EU-Beitritt, Ostöffnung und die Globalisierung der Konkurrenzverhältnisse haben in Österreich zu einem dramatischen Strukturbruch in der Industrie geführt, der sich unmittelbar in der Beschäftigtenentwicklung niederschlägt. In den achtziger Jahren konnten die Jobverluste in der Industrie noch durch Zuwachse in den produktionsnahen Dienstleistungen kompensiert werden. Mit Beginn der neunziger Jahre hat sich der Strukturwandel aber derart beschleunigt, daß die Service-Sektoren bei weitem nicht mehr den industriellen Beschäftigtenabbau wettmachen können. Dies zeigt eine Studie (über Österreichs „neue Industrielandschaft" des Österreichischen Instituts für Raumplanung (ÖIR).

80er Jahre: Plus

Zwischen 1981 und 1991 gingen österreichweit 113.000 Industriejobs verloren. Die produktionsnahen Dienstleistungen - ... entwickelten sich in diesem Zeitraum aber so dynamisch, das [sic!] für den gesamten produktiven Sektor als Saldo noch ein Plus von 6.850 zusätzlichen Arbeitsplätzen bleibt.

Ganz anders das Bild für die Jahre 1991 bis 1994: In diesen Jahren allein ging im produktiven Sektor (also Industrie inklusive produktionsnaher Dienstleistungen) nicht nur das kleine Beschäftigtenplus des gesamten vorigen Jahrzehnts verloren, sondern darüber hinaus weitere 71.500 Jobs. Dies bedeutet ein Minus von 5,4 Prozent.

90er Jahre: Einbruch

„Der Beschäftigungsrückgang in der Industrie hat ein bis dahin nicht gekanntes Ausmaß erreicht und die Entwicklung in den produktionsnahen Dienstleistungen dürfte mittlerweile auch so stark von Rationalisierungstendenzen erfaßt worden sein", daß der in den 80er Jahren noch feststellbare Ausgleich nicht mehr erreicht wird, analysiert die Studie.

Besonders dramatisch ist diese Entwicklung in Wien, wo in diesem Wirtschaftssektor zwischen 1991 und 1994 mehr Jobs verloren gingen als im ganzen Jahrzehnt davor, nämlich fast 29.000. Dabei verliert seit Beginn der neunziger Jahre auch das Wiener Umland an industrieller Beschäftigung, das in den 80er Jahren noch kräftig von der Auslagerung aus Wien profitiert hatte. Die Dramatik dieses Strukturbruchs sehen die Studien-Autoren dabei vor allem darin, daß kein Ende dieses Trends in Sicht ist. Auch 1995 und 1996 sei diese Entwicklung weitergegangen. Und in vielen Dienstleistungsbereichen, etwa bei den Banken, stünden die großen Rationalisierungswellen erst an.

Politische Rezepturen dagegen sind schwer zu finden: „Sich von der Industrie zu verabschieden, wäre ein Fehler", so Studien-Koautor Franz Tödtling von der Wirtschaftsuniversität. „Denn die Dienstleistungen hängen doch an den Umsätzen des produktiven Sektors." Freilich habe man den Service-Branchen bisher zuwenig Augenmerk geschenkt. „Ein maßgeschneidertes Förderinstrument für diesen Bereich gibt es bisher nicht". Und die Ansiedlungspolitik alter Schule sei unter globalisiertem Wettbewerb - siehe Semperit - nur sehr selektiv einzusetzen.

Текст 7

Gemeinden auf Maastricht-Kurs. Städtebund: Städte und Gemeinden können Kriterien schaffen/ Aber kein Verzicht auf die Getränkesteuer

Текст ("Kurier" 8.10.96, стр. 20) - дается в отрывках.

Auch die Städte und Gemeinden müssen sparen, was das Zeug hält, damit Österreich die Kriterien zur Teilnahme an der Währungsunion schafft. Ihre Finanzlage hat sich drastisch verschlechtert. 1992 konnten sich die heimischen

Länder und Gemeinden noch über einen Überschuß von 18 Mrd. S freuen, im Vorjahr gab es ein Defizit von 17 Mrd. S.

Zielvorgabe daher für die Städte und Gemeinden (außer Wien): Sie müssen ihr Defizit von im Vorjahr rund 11 Mrd. S bis 1997 auf 6,4 Mrd. S drücken. Dieses Sparen "kann natürlich Auswirkungen auf die kommunalen Investitionen und damit auf die Arbeitsplätze haben", warnte Erich Pramböck, Generalsekretär des Städtebundes, bei der Präsentation eines "Leitfadens für die Erstellung der Voranschläge 1997". Mit Blick auf den Wettbewerb der Wirtschaftsstandorte "können sich die Gemeinden nicht leisten, sich von den Investitionen zurückzuziehen", so Helfried Bauer, Geschäftsführer des Kommunalwissenschaftlichen Dokumentationszentrums (KDZ).

... Die Fremdfinanzierung von Investitionen in diesen Bereichen belastet damit nicht die für die Maastricht-Kriterien relevanten öffentlichen Schulden. Ohne diese vier Bereiche sinkt das Nettodefizit der Städte und Gemeinden "um zwei bis drei Mrd. S", schätzt Pramböck.

Nicht Maastricht-"schädlich" werden auch jene fremdfinanzierten Investitionen sein, die in ausgegliederten Bereichen - Stadtwerke, gemeindeeigene Unternehmen oder Private durchgeführt werden.

Leasing-Modelle, wie sie von Bank Austria Leasing entwickelt wurden, sollen zudem helfen, die Investitionsprogramme voll durchzuführen. "Die Gemeinden sind in Summe einer der größten Investoren in Österreich und schon deshalb eine hochinteressante Zielgruppe", so Thomas Aistleitner, Chef der Bank Austria Leasing.

Hilfe kommt auch von den Steuerzahlern: Die Einnahmen sind um rund zwei Mrd. S besser als nach dem Sparpaket erwartet.

"Die Städte und Gemeinden sind voll auf Maastricht-Kurs, sie werden die Kriterien schaffen", so Pramböck. Voraussetzung: Es dürfte keine zusätzlichen Belastungen mehr geben. Auf die Getränkesteuer könnte nicht verzichtet werden. *csk*

Pflicht der öffentlichen Hand

Die gänzliche oder teilweise Auslagerung öffentlicher Versorgungsleistungen wie etwa Wasserwirtschaft oder Müllentsorgung an Private (Public Private Partnership) ist nicht unumstritten. Sektionschef Peter Lechthaler vom Rechnungshof hat schon im Sommer darauf hingewiesen, daß es sich bei der Wasserver- und -entsorgung sowie der Müllbeseitigung um verfassungsrechtliche Pflichtaufgaben der öffentlichen Hand handle, die nicht einfach den Regeln des

Marktes überlassen werden dürfen. Privatisierung als Selbstzweck sei grundsätzlich abzulehnen. Nur wenn Preise und Versorgungsbedingungen für die Bürger nicht verschlechtert würden, sei gegen die Übertragung der Dienstleistung an Private nichts einzuwenden. Um das zu überprüfen, müßten aber Regulierungsbehörden eingerichtet werden.

Wenn der Bürger nicht zwischen mehreren Anbietern wählen könne, sondern einem lokalen oder regionalen Monopolisten ausgeliefert sei, würden die Gesetze der Marktwirtschaft versagen, so Lechthaler.

Глава 12. Лекция на экономическую тему

Текст 8

Банковская система России

(Дословная запись лекции, прочитанной В.Г. Терентьевым в Венском экономическом университете 19 октября 1994г.)

Я представляю Московский университет. Я работаю на экономическом факультете Московского университета. Кафедра, на которой я работаю и являюсь заместителем заведующего, называется "макроэкономическое регулирование и планирование", "макроэкономическое регулирование и планирование". Ну, возьмите, попробуем вопрос, почему банковская система - это тема, с которой я здесь выступаю. Я несколько слов скажу об этом, потому что, просто для того, чтобы уяснить тут некоторые несоответствия кажущиеся. Дело в том, что макроэкономическое регулирование в последнее время, как вы знаете, в России развивается в кардинальных преобразованиях. И банковская система, банки, фондовый рынок и ценные бумаги, инвестиции, инвестиционный процесс - вот это вот те три направления, которые становятся все более значимыми регуляторами в экономике. И в связи с этим они вправляются, вставляются или вмонтируются в общий курс экономического регулирования, т. е. в тот курс, с которым я работаю, занимаюсь, который я веду в Московском университете на экономическом факультете.

Ну это вот та предварительная информация, которую я хотел сказать помимо темы. А сейчас немного о теме. Значит, тема наша, как уже было сказано, называется "Банковская система России". Она, предлагается ее развернуть. Тема обширная, поэтому всей информации изложить не удастся, и в связи с этим я выбрал ну две части, разбил лекцию на две части, которые предполагается изложить вот в эти два в эти две встречи, которые нам предстоят. Первая часть - это, видимо, будет строение банковской системы России. Количественные и качественные характеристики ее, этой системы, а вторая часть, вторая наша встреча будет посвящена изложению или освещению механизма и инструментов, с помощью которых регулируется эта банковская система.

Вот это замысел. Насколько он получится ну мы будем вместе стараться его полностью реализовать, вот. Ну а сейчас попробуем наши ... наших контактов с вами. Я понимаю, что тот ритм который принят, скажем, у меня на факультете и мой обычный ритм здесь не совсем был бы приемлем, поэтому я прошу помочь мне. Я хочу, чтобы вы корректировали мою речь, то есть делали какие-то замечания, прямо скажем. Говорить четче - это я тоже могу сделать, повторять отдельные предложения, оговаривать какие- то отдельные слова, давать пояснения, так, если что-то будет неясно, то я прошу вас сказать мне это. Мне будет проще, я просто должен найти ритм, стиль изложения, который вам будет удобнее, приятнее, комфортнее. Вот поэтому я думаю, что мы найдем общий компромиссный вариант изложения и текст, который я хочу вам ... до вас донести будет воспринят.

Ну вначале о содержании первой части, что я хотел бы донести, сказать вам (пауза).

Я прошу прощения за рукописные таблицы, они писались, делались в некоторой спешке и не было возможности перенести их на машину из-за ряда ... целого ряда, ряда причин, о которых я не буду говорить, ну яблоками и сверху. Эти таблицы я хочу вам показать вначале с тем, чтобы вам яснее была структура изложения нашей лекции в первой ее части. Здесь квадратиками собственно обрисована существующая система банковская, имеющаяся в России. Ну, я не совсем точен. Не существующая, но, может быть имеющаяся и предполагаемая к развитию. Дело в том, что в России сейчас развивается так называемая двухуровневая система банковская ... два уровня, где первый уровень - это Центральный банк, я его сокращал, поэтому имейте в виду это сокращение -ЦБ - Центральный банк России. И второй уровень - это коммерческие банки России - КБ - сокращение КБ -коммерческие банки России, которые делятся на отдельные группы. Ну классифика... классификацию коммерческих банков мы с вами внимательно рассмотрим несколько позже, просто сейчас в целом. Дело в том, что каждому из этих квадратиков будет посвящена какая-то часть лекции, мы будем специально это рассматривать отдельные из них более детально. Поэтому, собственно, я и показал эту схему для того, чтобы вы поняли структуру изложения.

Эмиссионный банк обведен штриховой линией, его не существует, но сейчас ведутся дебаты в Думе, в правительстве, о том, чтобы двухуровневую систему модифицировать в трехуровневую систему.

Ну я, забегая вперед, хочу сказать, что трехуровневая система банковская предполагает эмиссионный банк, который эмитирует денежные ресурсы, выпускает их в действующих хозяйствах и балансирует денежную массу в размерах общественного производства и с общественными потребностями, скажем так, не вдаваясь в подробности.

Вторая линия - это Центральный банк, который несет на себе долгосрочные функции долгосрочного инвеститора, долгосрочного кредитора, так, видимо, будет понятнее, который обеспечивает прежде всего промышленность, производство долгосрочными инвестициями, долгосрочными кредитами.

И система коммерческих банков, которая обеспечивает оперативную работу хозяйства, оперативную деятельность экономики, то есть краткосрочную деятельность опосредует торговое развитие. Вот это перспективная схема, которую предлагает так называемый у нас есть Институт рынка, ведущий институт, который ведает проблемами рынка, директор его Перлам ... директор его Петраков и заместитель Перламутров, я вот называю фамилии, чтобы вы тоже имели в виду. Они предлагают трехуровневую систему собственно и являются носителями этой идеи и в Думе, и в правительстве. Но сейчас развивается двухуровневая система, а о двухуровневой мы не будем говорить.

Ну и здесь вот эти линии, я назвал здесь некоторые переменные банковской инфраструктуры, то есть это объекты, учреждения, которые обслуживают, опосредуют банковскую деятельность. Инфраструктура, есть социальная инфраструктура, которая опосредует развитие человека, общества, производственная инфраструктура которая опосредует и является вспомогательной для развития производства, в данном случае речь идет об инфраструктуре финансовой, банковской. Сюда можно отнести расчетные центры, кредитные магазины, фирмы, дилерские фирмы, которые работают с ценными бумагами, организации, которые обеспечивают информацию и распространение ее информации. Сюда же входят техническое обеспечение, ну и масса другого, что является неотъемлемым элементом работы, русской работы нормальной всей банковской системы.

Вот это та структура нашей первой части, тема нашего, темы нашего первого разговора, который я постараюсь развернуть. Так, ну вот, первые фразы были сказаны, первая часть наших контактов как бы уже осуществилась ... Вы понимаете, о чем я говорю или говорить медленнее? Еще медленнее, еще проще?

А: Отвечайте! Понимаете, да? Хорошо?

Хорошо. Я продолжаю тогда в том же духе, в том же стиле, в том же виде. Ну сейчас вводная часть уже собственно к лекции. Ну, прежде всего я хотел бы сказать об общей ситуации в России. Сейчас происходит, как вы знаете, так называемая социально политическая-трансформация российского общества. Это кардинальное революционное преобразование, которое в корне изменило все, что мы нарабатывали, я имею в виду страну в недалеком прошлом. Сейчас открывается и пытается развернуться, открыть новую перспективу наше правительство, наши руководящие органы. И банковская система, финансовая система здесь занимает, играет ключевую роль. Она опосредует, является стимулятором, проводником тех инноваций, тех начинаний, которые предполагается реализовать и правительству, и Думой, и всем руководящим составам, скажем так, общо.

Банковской системе придается очень большое значение, делается существенное послабление в ее развитии. То есть свобода действий без особых ограничений, без особых налоговых ... , с тем, чтобы она быстрее встала на ноги и стала фундаментом, как предполагается, она должна стать фундаментом развивающейся экономики, ну, в рамках концепции рынка, в рамках не плановой а рыночной экономики. И вот в связи с этим происходит некоторое парадоксальное развитие банковской системы. Парадокс состоит в том, что на фоне общего застоя, даже, так сказать, не застоя, а падения экономического развития, снижения экономического развития происходит очень активное, быстрое развитие системы банков. Банки развиваются, экономика падает. Вот в этом парадокс.

Ну, чтобы вам понятнее была эта парадоксальность, назову некоторые цифры *(пауза)*. Ну общие цифры, которые характеризуют состояние дел в экономике. В первой половине 1994 отмечалось сокращение внутреннего валового продукта в реальном исчислении 17%. При этом, при этом меняется структура валового внутреннего продукта. Достаточно быстро наращиваются услуги ... и прежде всего, финансовые, посреднические, страховые, то есть то, что относится к финансам, и падает материальное производство, снижается материальное производство по своей доле. Выпуск промышленной продукции с первого полугодия снизился на 26% - это очень много, на 26% по сравнению с аналогичным периодом 93 года. Еще больше сокращаются инвестиции, сократились инвестиции. Сокращение инвестиций в производственную сферу оценивается величиной в 37%. Сокращение инвестиций в 37%. Это, как вы понимаете, собственно катастрофическое сокращение инвестиций, и причем, прежде всего, страдают отрасли машиностроения, то есть проводники и носители научно-технического прогресса, скажем так, основы базы научно-технического прогресса, ну, просто катастрофические процессы происходят. Практически ну капитальные вложения, инвестиции в строительство сократились на 12%, но в связи это не такая большая цифра в сравнении с 37-ю, но дело в том, что строительство упало еще в прошлом году, то есть падать больше некуда. Поэтому на 12% для строительства при современном его состоянии - это очень много.

Ну и надо заметить, что в сравнении с началом 1992 года промышленное производство сократилось более, чем на половину, более, чем на половину, это, ну, существеннейший удар в целом по обществу, потому что производство товаров широкого потребления как, говорится, оно практически сведено, ну не к нулю, но к уровню, который далеко совсем не устраивает

Глава 12. Лекция на экономическую тему 103

население, общество. И вот на этом фоне происходит очень активное развитие банков.

Ну здесь я написал некоторые цифры, чтобы понятней было. В настоящее время коммерческих банков 2351. В начале года было ровно 2000, около 2000, ну несколько больше. В прошлом году, в прошлом году их еще совсем недавно, ну, несколько ранее, в конце 92-го было 37 всего, 37 в конце 92-го. За первую половину года 351 банк, около 350-ти банков появилось новых совершенно. Ну предполагается, что 94-й год будет последним бурного количественного роста банков, произойдет насыщение в конечном счете, и дальнейшее, дальнейшее развитие банковской системы будет происходить за счет качественного роста, то есть наращивания массы, денежной массы в банках, ассортимента разнообразия выполняемых функций *(пауза)*.

Ну и общем выполнению тех функций, на которые они были нацелены, то есть органическое включение в работу, созидательную работу по росту экономики *(пауза)*.

Таким образом, мы с вами будем говорить еще раз о коммерческих банках и о структуре коммерческих банков, я написал здесь, в том числе БССБ - это бывшие советские спецбанки. Они составляют сейчас 621 было и осталось, это банки, которые были сформированы еще в советское время, являются самыми мощными организациями, самыми мощными банками, поэтому здесь несколько банк ... система коммерческих банков перекошена слегка, потому что основная масса деятельности денег пропускается через эти бывшие советские банки. Они по форме своей смешанные, то есть частные кооперативные и с участием, с существенным большой долей участия государства, и все государственные ресурсы, дотации пропускаются через эти банки. Поэтому мощь их искусственно поддерживается, но есть прогноз, предположение, о деталях этого мы еще поговорим, что они в конечном счете уступят свои права более динамичным, более агрессивным и более имеющим бол.. бол... более высокую квалификацию специалистам коммерческих банков вновь образованных.

Вот, имеются *(пауза)* в стране заграничные банки, их не очень много, всего 17, причем со 100%-ой и 9 банков, 6 банков, простите, 6 банков российских действуют за границей. Это тоже бывшие советские банки, которые работали в системе внешнеэкономической деятельности, в системе ВЭД, вот, которые в настоящее время существуют и пытаются организовать активную деятельность.

Вот, поэтому таким образом введение в общую проблематику я завершаю. Фон, общий фон я дал, надеюсь, он вам понятен. Вопросов нет по этой части?

В: *Есть (нрзбр)*

Да-да (пауза). Я прошу вас ... Да?

Я подробнее вам расскажу, а то вы все приберете к рукам, которые то есть это те части общие темы, к которым я подойду чуть позже. Поэтому я не буду сейчас отвлекаться от главного дела. Я прошу вас задавать вопросы, побольше вопросов, потому что наверняка что-то непонятно и по смыслу предложений и какие-то слова, фразы ... поэтому, мы договорились, вы будете мне помогать.

Так, ну начнем мы с общего строе... общего строения кредитной системы. Дело в том, что система банков, система банков является по своим размерам, по своим масштабам значительно меньшим, чем вся кредитная система. Система банков является пусть крупным, но переменным общепринятой системы институтов кредитования, значительно больше по своему качеству, по своему назначению. Поэтому первое, первый раздел, первый вопрос, который мы с вами по сути рассмотрим, это общую систему кредитования. Ну, здесь есть у меня таблица, которая единственная, к сожалению. Ну вот, таблица, которая по крайней мере дает представление ... Спасибо. Дает представление о составе институтов банковско-кредитной системы. Она две большие крупные части: собственно банковская система, собственно банковская система и парабанковская система. Парабанковская система – это система, которая напоминает по своей функции, по своему назначению деятельность банков, но она не является банковской. Каждая из них в свою очередь делится на две крупные части. Банковская система делится на так называемые эмиссионные и неэмиссионные банки. То есть эмиссионные банки, которые могут продуцировать ну либо деньги, но это это привилегия к сожалению, только, ну не к сожалению, а только одного банка, естественно, Центрального банка, либо эмиссионного банка, если он будет. Региональные и коммерческие банки могут эмитировать ценные бумаги, могут эмитировать платежные средства, векселя, например, ну и другие средства, такие как вот ну облигации, например. Ну они попадают под общую классификацию эмиссионных банков, поскольку эта функция свойственна им вот. Неэмиссионные банки – это специализированные, прежде всего, банки, которые специализируются по финансированию конкретного рода деятельности, прежде всего, производственных отраслей, и по функциям, то есть выполнение функций в рамках общего развития экономики. Функция инновационная, например, это финансирование нововведений наукоемких производств, достиже... реализация достижения научно-технического прогресса И инвестиционная, инвестиционные специальные инвестиционные банки, которые предназначены специализированы на инвестициях, то есть на поддержании, на финансировании, развитии, реализации отдельных проектов в сельском хозяйстве, в строительстве, в производстве и в торговле, тоже ссудосберегательные, ну это, понятно, которые работают в основном с населением, ссуды, сбережения. Ссуды биржевые и ипотечные, ну здесь тоже по этимологии этих слов можно понять, что биржевые банки, которые привязаны и обслуживают действия отдельных бирж, товарных, финансовых, а ипотечные – это банки, которые связаны с движением имущества ипотек.

Парабанковские системы, они по функциям, еще раз повторю, напоминают банковскую систему, но по своей структуре, по своей организан... организации и нацеленности в рамках экономики в целом выполняют совершенно другое предназначение.

Лизинговые фирмы – это аренды, аренды оборудования, своеобразное опосредование, опосредующая организация по кредитованию, но не деньгами, а материальными средствами, техникой, еще раз повторю, чаще всего.

Факторинг... факторинг... факторинговые фирмы и форфейтинговые фирмы, они не обозначены, ну это организации, которые занимаются куплей и продажей долгов различных и структур, коммерческих структур, прежде всего, ломбарды, вам понятное слово, кредитные товарищества и союзы, общества взаимного кредита, страховые общества, инвестиционные компании, которые по своему лицу во многом напоминают инвестиционные банки, но по сути своей несколько иные выполняют работы и пенсионные фонды.

Ну и наконец расчетно-кредитные фонды в центре, которые обслуживают в основном как банки, так и парабанковские, парабанковскую систему.

Ну и почтово-сберегательные учреждения, они отнесены, выделены в самостоятельную группу, в силу масштабов своей организации. Дело в том, что, например, сбербанки в России имеют очень широкое распространение. Их 42 тысячи, 42 тысячи отделений, отделений сбербанков. Ну это по традиции, дело в том, что в недавнем прошлом сбербанки собственно, опосредовал, осуществляли все финансовые операции населения. Они были неизбежны, через них пропускались пенсии для пенсионеров, они хранили вклады населения, выдавали проценты, выдавали ссуды (нрзбр), значительный, большой комплекс операций. Сейчас они делают то же самое. Им сейчас составляют конкуренцию коммерческие банки, но свои позиции они по традиции еще сохраняют, ну по инерции в отношениях к этому банку, предполагается, что государство является всегда гарантом успеха, гарантом, предполагается сейчас, гарантом стабильности, хотя государство несколько раз уже подвело и изменило, по этому ... этому принципу, но тем не менее до сих пор еще бытует мнение то, что это была ошибка, была оплошность, что тот катастрофический процесс, который был с отпусканием цен, это случайность и что все образуется. Ну есть такое мнение, поэтому все эти 42 тысячи отделений сбербанка, они действуют и составляют достаточно мощную конкуренцию для сберегательных процессов и операций, которые делают коммерческие банки. Вот, ну почтово-сберегательные учреждения, собственно почтовые отделения, это не менее развитая сеть, еще даже пожалуй более развитую сеть. Через нее пропускается ну меньшие объемы денег, но они значительны. Это подписка, которая сейчас актуальна, на газеты и журналы, продажа марок, планов различного рода. Сейчас все практически занимаются конвертацией валюты, это тоже достаточно большой достаток приносит всем, так сказать, отделениям.

Вот и в связи с этим всем сказанным рекомендуется такая система почтово-сберегательного учреждения, которое выделяется, еще раз повторяю, скорее не по функциям, а только по масштабам деятельности, по признаку что ли. Ну и здесь внизу я подписал некоторые слова, которые предполагают объединительные процессы всех этих институтов. Консорциальные, корпоративные, ассоциативные единые объединения банков и парабанков. Консорциумы, корпорации, ассоциации, объединения. Они возникают, они имеются, потому что практически все здесь названные институты объединены, ну лучше, хуже но объединены в корпоративные системы, которые называются либо консорциумами, либо корпорациями, ассоциациями, объединениями.

Ну сейчас наиболее существенно и весомо – голос слышен и с ним считаются – это Ассоциация российских банков. Она является главным оппонентом Центробанку, главному оператору по развитию системы банков, является не только оппонентом, но и высказывает соображения, мнения, которые противоречат Центробанку, и это мнение учитывается в общем-то. Эта ассоциация крепнет, дело в том, что в недалеком будущем организационные правовые стороны она будет прорабатывать самостоятельно, без участия, может быть, без участия Центробанка, хотя участие предполагается, где предполагается, но у них сейчас отношения сложились ...

А: Четче.

Прошу прощения. Четче буду говорить (*пауза*). В связи с формированием и развитием этой кредитной системы я хотел бы отметить несколько положений о законодательной основе развития ее кредитной системы. Дело в том, что законотворчество в настоящее время находится ну в стадии, скажем так, бурного развития. Сейчас в Думе находится закон о банках, банковской деятельности. И буквально вот сейчас, буквально на днях должно произойти слушание этого закона.

Этот закон был подан в апреле этого года на рассмотрение, он просто в связи с каникулами Думы просто задержался еще до проблемы МММ.

Глава 12. Лекция на экономическую тему

Ну а сейчас проблема МММ, она подстегнула этот процесс, поэтому активизация законотворческой деятельности, в данном случае банков и банковс... банковской системы и по линии ценных бумаг. Что касается МММ, наиболее сильных направлений эмиссии и организации движения ценных бумаг. А банковская деятельность косвенно, косвенным образом соприкасается с проблемой МММ, этой проблемы можно коснуться, если она вас интересует. Вот, а тем не менее процесс очень активный, вот и получается, значит, закон о банках и банковской деятельности и закон о Центробанке. Закон о банках и банковской деятельности будет сделан, можно так сказать, в Думе, в комиссии Думы под руководством моего коллеги Медведева Павла Алексеевича, он мой коллега в университете, преподаватель на соседней кафедре, а сейчас он в Думе занимается этой работой. А закон о Центробанке будет сделан под руководством Козлова, это творческий человек в Центробанке, это в Центробанке в связи со сложностями важно соединить, найти какой-то компромисс, потому что разные видения банковской системы и Центробанка и разные соотношения полномочий предполагаются соотношения полномочий. Понятно? Это очень важно, это очень существенно.

А: Кто такие Центробанк и ...

или, собственно, Дума, правительство в равной степени, Дума, три полюса власти: Дума, правительство и Центробанк, то есть ...

А: Дума это парламент ...

Дума, правительство, Центробанк, то есть разделение полномочий власти, полномочий между тремя этими полюсами. Кто будет управлять движением, кто будет развитие контролировать, этот вопрос, который является важным. Ну работа идет и собственно и помимо вот этих трех центров власти и распределения их полномочий существуют еще и содержательные вопросы. Ну, содержательные вопросы, я уже некоторые из них отметил. Это трехуровневая и двухуровневая система, в зависимости от этого меняется структура.) И второй содержательный, вторая содержательная проблема, какую степень свободы предоставить банковской системе в ее развитии, в свободном развитии банковской системы, что она будет делать сама, а что она должна делать под контролем и при непосредственном руководстве этой системой. Ну и в связи с этим ...

Банки в принципе бывают двух типов, банковские системы ... То есть банковские системы, которые позволяют развиваться своим банкам независимо от руководства, вполне самостоятельно формировать структуру, ну, просто говоря, универсальную структуру каждого банка, то есть универсальные банки, они могут делать все, что захотят, если захотят специализироваться при собственной желании, при собственной воле. Но есть фирмы, организация банковской деятельности, когда закон предопределяет схему деятельности и характер специализации банка, то есть с самого начала банк в своем развитии должен определиться, в каком направлении он будет действовать, то есть выбрать специализацию и развиваться не как универсальный банк, а как специализированный, ориентированный на вполне определенную группу банковской деятельности, по финансированию какого-нибудь производства, отрасли, вида деятельности или функциональная специализация. Так вот, эти два варианта организации банковской системы тоже составляют предмет дискуссии. То есть в это упирается многое, в определении типа. В настоящее время в России нет закона, который бы контролировал бы характер развития банковской системы, поэтому банковской системы собственно банки развиваются пока, как в России говорят, как Бог на душу положит.

В мире сейчас освоено где-то свыше сотни банковских операций. В России -же сейчас действуют где-то, освоены российскими банками где-то около двадцати. Наиболее широко распространенными, наиболее (пауза) где-то около двадцати. Ну я попробую вам показать это, ну здесь тоже написано, но я продиктую. Вот те основные операции, которые в настоящее время освоены российскими банками. Это привлечение и размещение денежных вкладов и кредитов, ну естественная операция которой, с которой все справляются и которой собственно все и предназна... собственно все свою деятельность и концентрируют. Проведение расчетов по увеличению клиентов, банков, корреспондентов. Ну это не все банки делают, меньшее количество, но, тем не менее, эти операции достаточно просты, по крайней мере, и все вместе выполняют открытие и ведение счетов. Совершенно естественная, просто необходимая банкам финансирование вложений по поручению владельцев и распорядителей инвестируемых средств. Ну, может быть, это не совсем понятно, они эти, эта таблица, по-моему, имеется в тезисах. Ну поэтому я не буду их зачитывать, вы их сами можете посмотреть. Ну вы можете задать вопрос по отдельным операциям, которые выполняют коммерческие банки, ну что они собственно из себя представляют, могу дать эти пояснения.

Форфейтинг и факторинг - две близких по смыслу, по содержанию операции. Форфейтинг - это приобретение, это купля и продажа долгов в работе на внешнеэкономическом рынке, то есть внешнеэкономическая деятельность в рамках внешнеэкономической деятельности купля- продажа долгов, оперирование этими долгами, долговыми обязательствами собственно, здесь форфейтинг. На этом специализируются фирмы, отдельные фирмы, вот, и отдельные банки, потому что фирм в России еще специализирующихся специальных для этой операции нет, а банки уже работают, некоторые банки ... э ... на такого рода операциях. Факторинг - это то же самое, только на внутри..., внутреннем внутриэкономическом рынке, на внутреннем рынке. Это, как правило, связано с потребностью отдельных предприятий свою дебиторскую задолженность сразу обратить в деньги. Они обращаются к бан-

Глава 12. Лекция на экономическую тему

кам, которые перекупают долг, дают деньги этому нуждающемуся предприятию, таким образом происходит взаимовыгодная сделка. Ну это операция тоже происходит специализация, и специализация достаточно спешная, более спешная чем в форфейтинге. Вот это тот перечень, на котором специализируются, в основном специализируются российские коммерческие банки (пауза). Я рассказал о том, что сейчас каждый российский банк в принципе волен выбирать то, что он считает нужным, во-первых, и происходит в общем такая достаточно определенная универсализация деятельности российских банков, то есть банки практически все универсальны. В начале объединения функциональная специализация происходит потому, что на общем фоне всех операций, достаточно большого количества, операций не так уж и мало, происходит функциональная определенность, поэтому специализация, сами банки и эта специализация достаточно определенная, являются, ну пусть немногочисленные по специализации группировки, но они есть.

Я хотел бы назвать несколько банков, которые обозначили свою специализацию. Ну, например, биржевые банки. Это Всероссийский биржевой банк, Российский национальный коммерческий банк, Мытищинский банк, ну чтобы созвучные сочетания российских банков принимают как понятные, как естественные. Страховые банки - это АСКА-банк, РОСНА-банк, ипотечные ...

А: Страховые это понятно? Versicherung

Ипотечные. Ипотечные акционерные, ипотечные стандартные, ну ипотечных достаточно много, около 20 в настоящее время. Сформирована группа земельных банков. Это Нижегородский земельный, межрегиональный земельный ...

А: А земельный в данном случае что значит?

Купля-продажа земли, операции с земельными участками. Они вот, закона о земле нет, поэтому они выполняют функцию еще не в прямую, скажем так. Работа идет, но полного, скажем так, законодательного открытого пространства у них пока не имеется. Инновационные банки - это Инкомбанк, Альфабанк, Инновационный банк, ну и так далее, их тоже достаточно много. Торговые банки - это Европейский торговый банк, Комторгбанк, Московский бартерный коммерческий банк, ну и так далее. Залоговые банки появились сравнительно недавно, после закона, утверждения закона о залоге, совсем недавно был закреплен. Залоговые - это Рембанк, прежде всего, Конверсионные банки, банки, которые были рождены вместе с конверсией, то есть оборонная промышленность преобразуется, преобразуется в производителя товаров широкого потребления, гражданской продукции. Так опосредование этого процесса преобразования обеспечивают конверсионные банки. Ну кредитные банки, совершенно естественно трастовые банки, инвестиционные банки, появились венчурные банки. Потребность в венчурных банках очень велика, их не так много, к сожалению, все еще, и их деятельность наиболее рискованная. Вот есть такой Вабанк, ванчур... ванчур... венчурный, который проводит наиболее известные идеи, и его так прямо в качестве примера и приводят. И кредитные союзы. Ну кредитные союзы - это парабанковская система, ну развивается она достаточно активно, хотя мощи пока, как предполагают, она пока не наберет кредитные союзы, потому что кредитные союзы ориентируются на средний слой, на средний класс.

А: Венчурные банки- это банки, связанные с совместными предприятиями?

Венчурные - это рисковый банк, который вкладывает в новую технологию, рискованные проекты и риск оправдывается повышенным процентом, повышенной отдачей. Это банки, которые поддерживают научно-технический прогресс, так можно сказать.

А: Венчурный банк?

Венчурный банк. Венчурные компании, венчурные проекты - слово венчурный так уже достаточно глубоко внедрилось.

... да, это инновационные, вот они очень, так сказать, вот нацеленность какая-то. Инновации бывают разные, а венчурные уже наука, техника, риск...

В: Можно еще спросить?

Да, конечно.

В: Коммерческие банки?

Коммерческие банки сейчас по рейтингу классифицируются достаточно регулярно в течение месяца, то есть публикуется по их рейтингу, по их значимости. Рейтинговая классификация делается сейчас по достаточно строгой, определенной, всеми принимаемой методике. Методика эта, кстати, месяц назад только вышла, месяц назад, и ее достаточно быстро освоили и достаточно приняли как руководство к действию. В основе этого рейтинга лежит денежная масса, которую вложили в банк, контролирует банк и спешность оборота и эта масса, активность ее наращивания. Есть соответствующий перечень коэффициентов, формул, который достаточно определенно этот рейтинг рассматривает.

Глава 12. Лекция на экономическую тему

Ну среди первых банков, наиболее мощных, стоят банки, стояли, будем говорить так, месяц назад стояли банки из числа 631-го, которые я назвал, которые бывший советский спецбанк. Массы, масса денег, масса средств, которые, очевидно, выпускается, она привлекает все новые коммерческие банки, каждый новый коммерческий банк, поэтому они по рейтингу, как правило, всегда впереди. Ну рейтинг предполагает, как я сказал, активность операций, движение денежной массы, разнообразие этих операций и в связи с этим банки постепенно исчезнут в силу не столько существенных изменений их статуса, сколько в силу активности их конкуренции. Вот как ни удивительно в последнее время активность, большую активность проявляет банк Алтайбанк, Горный Алтай банк, такой Универсалбанк, Уральский банк, Магаданский банк, Северо-восточный. Они активны сс... ну по открытию филиалов в других регионах, по привлечению средств населения, они выплачивают более активно и пользуются оплатой, активно привлекают средства предприятий, активнее, чем эти традиционные промстройбанки, банки.

Ну по своей массе, по своим возможностям советские спецбанки, у них естественно выход лучше. Но у них есть одна ахиллесова пята, одно слабое место

А: Achillesferse

Это квалификация персонала. Это персонал, который был сгруппирован еще в предыдущую эпоху, период, в советское время и привык работать ну, скажем так, по традиционной технологии, без инициативы, без осознания, без увлеченности, скажем, тем процессом, который осуществляется. То есть рутинная работа и вот этот стереотип рутинный, который они про современную основу, то есть на современный уровень, которые здесь выигрывает, то есть наращивание объема денежной массы, качественное обслуживание клиентов. И вот за счет этого банки новые сейчас начинают вперед. Среди новых банков, ну наиболее известные, это вот как раз Инкомбанк, Тверьуниверсалбанк сейчас является мощным, мощным Империал, Кредобанк.

В: Тото.

Нет. Тотобанк - это уже советский. Ну наиболее активный и сильный банк является банк, который связан с наиболее, с наиболее массовым материальным потоком, это, прежде всего, банки, которые связаны с нефтью. Нефть, газ и газодобывающие комплексы. Нефть, газ как массовый продукт.

В: Кстати, какие банки ...

Нефть и необходима. Нет, есть и старые банки, есть старый банк, а есть новые банки. Ну Топкомбанк - это Топливный комплекс, Топкомбанк. Это старый банк, который ...

В: С участием японцев.

А с участием японцев акционерный банк, русско-турецкий банк и ... и ... и ... и ... еще один есть, два.

А: (нрзбр)

Нет это топливные комплексы, Топком. Вот, а Нефтегазобанк - это новый банк. Ну в связи с этим отклонюсь немного от лекции. Сейчас очень быстро движется банк, который эмитирует акции. Дело в том, что сейчас некоторое засилье таких банков. Рынок, фондовый рынок не успевает перерабатывать, перемалывать, и среди них те, кто первым начал процесс. Эмиссия ценных бумаг, понятно, так сказать ... выпуск ценных бумаг. Это тот, кто первый начал эмиссию, то есть выпуск ценных бумаг, очень быстро продвинулся по рейтингу. Уставный фонд резко, достаточно эффективно вырос, появились новые возможности для осуществления финансирования новых операций и, таким образом, таким образом, возможности возросли, и ступенька вот по этому рейтингу ... Вот дополнительное преимущество получают те банки, которые получают лицензию на работу с драгоценными металлами и камнями. Сейчас 63 банка получили эту лицензию, и дальше, в общем-то, они имеют возможность существенным образом опередить своих конкурентов, повыситься подняться по ступенькам рынка. Вот, ну это некоторое отклонение. Я немного нарушил вот изложение, которое предполагалось в начале, поэтому давайте в той последовательности, которая сформировалась с вами.

Вот сейчас я должен вам сказать о классификационных группах, о классификации коммерческих банков. Ну вот эта таблица, также у вас есть. Каждый коммерческий банк, каждый коммерческий банк формируется ну под разным влиянием, в силу разного типа, разного качества инициативы. Но каждый из них может быть охарактеризован вполне определенно и может быть создана, сформирована, сформулирована многомерная, многомерный портрет, который осуществляется.

Вот этот процесс формирования коммерческих банков и выстраивание их в классификационную таблицу, он имеет большое значение в исследовательском, прежде всего, плане, плане определения стратегии развития банковской системы, то есть в определении тех возможных направлений, где эта банковская система будет развиваться с большей активностью и с пользой, с пользой для развития всей экономики. Поэтому вот здесь критерии классификации, они определяют ну наиболее приемлемый, нужный, собственно, в развитии экономики, общества характер развития, то есть те аспекты, которые нужно либо усилить, либо немного затушевать, затушить, притушить. Ну первое, это форма собственности, первый аспект. В настоящее время можно определить, точнее, выделить четыре. Государственные, частные, кооперативные и смешанные.

А: Смешанные - gemischt.

Все они имеют определенные сферы приложения своего, специализацию, национальную специализацию, имеют сильные и слабые стороны. И вот, стимулируя развитие государственных банков, частных, кооперативных или смешанных, можно таким образом отслеживать те или иные интересы развития экономики, те или иные интересы общества. Ну смешанные, я поясню, смешанные - это имеется в виду, это когда при создании в банке, банков участвуют, скажем, государственный частный кооперативный акционерный капиталы, когда владельцами банка являются государство и частные лица, и отдельно акционерное общество. Вот в России также в настоящее время, может это не столь актуально, но в дальнейшем при государстве принадлежность, это также существенно. Это вопрос большой политики, акценты по размещению, по перетокам капитала из страны в страну.

Ну в данном случае можно видеть только три типа. Это внутригосударственный и национальный банки, в том числе, российский, иностранные и совместные с российской. Территориальный признак также весьма существенен. В настоящее время создалась диспропорция в развитии банковской системы в России и региональная диспропорция: 40% банков находится в Москве.

А: 40%?

40% капитала, банковского капитала, если быть корректным. Ну к счастью, я вам сказал об этой тенденции, периферийный банк в последнее время приобретает достаточно мощный статус, то есть их развитие более ускоренное, чем в московских банках. В Москве сильна конкуренция, на периферии банк является, как правило, коммерческий банк чаще всего является монополистом в совокупной деятельности. Вот поэтому региональные, местные, муниципальные, межрегиональные, заграничные российские банки и банки других стран - вот эта группировка, причем региональные банки тоже, региональные банки сформированы, инициированы, скажем так, Центральным банком, то есть его филиалы на местах, они не входят в систему Центробанка, они являются региональными. Ну и региональные филиалы коммерческих банков, они тоже региональные, так сказать, банки, вот. То есть коммерческие банки, у которых имеются филиалы, можно назвать региональными. В общем, многие периферийные банки, чтобы выйти, подняться по рейтингу и закрепить свои позиции, создают филиалы, почти все банки имеют филиалы в Москве. Работа с правительством, с Центробанком.

Ну я знаю Северо-восточный банк. У него 8 филиалов. Северо-восточный национальный банк. Так вот он обслуживает, существует, вернее, разместил филиалы в ... на Дальнем Востоке, Хабаровске, Владивостоке имеет хорошие позиции. На Урале и тем более в Москве, еще раз повторяю, наиболее известный филиал. Также по аналогии формируют крупные региональные структуры. Это хороший стиль развития и он себя оправдывает. Организационно-правовая форма.

Существуют паевые и акционерные банки. Ну суть этих двух типов банков, должно быть, понятна. Паевые - это когда в складчину две организации на паях совмещаются, паи делают общий уставной фонд, общий уставной капитал. То есть здесь нет разветвленности акционеров, и есть несколько пайщиков, которые, собственно, и делают основные вклады, то есть, скажем, один-два-три, то есть юридическое лицо, которое долю своего личного капитала для создания банков, своего банка ... Создание банка достаточно просто и в юридическом плане и организационном. Ну они имеют банки, ряд ограничений на местах, которые имеют опять-таки специальный характер, и их мы не будем касаться, мы их просто *(нрзбр)* Ну и акционерные банки, наиболее распространенные, наиболее широко развитые. Причем двух типов акционерные банки, акционерные общества открытого типа и закрытого типа. Вот два основных типа. Ну надо ли разъяснять, в чем тут различие. Акционерное общество открытого типа. Ну акционерное общество открытого типа, акционерный состав этого банка то есть не замыкается, круг, часть участвует в его создании, в его развитии.

Степень независимости банков тоже весьма существенный момент. Самостоятельные дочерние сателлиты, попросту, зависимые банки и уполномоченные банки, банки, выполняющие функции, которые им предписывают, ну определенные производственные. Либо в момент эмиссии ценных бумаг, также при небанковских структурах возникают и создаются, и привлекаются уполномоченные банки, банки, в которых осуществляются все операции по переработке, по обработке, по обслуживанию финансовой деятельности, которая возникает в результате - это уполномоченный банк. Ну и происхождение, которое я несколько раз уже упоминал. Старые, возникшие на базе бывших спецбанков и новые. Старых 621 - это число постоянное, оно не меняется, это константа.

Больше их уже не будет, потому что банки создавались в советское время. Характер деятельности, характер деятельности на два основных типа делится: это отраслевая специализация и функциональная. Ну отраслевая

Глава 12. Лекция на экономическую тему

специализация осуществляется по признаку обслуживания отдельных видов деятельности, отраслей машиностроения, в сельском хозяйстве. Это вот отраслевая специализация. А функциональная специализация, мы тоже об этом уже сказали, это вот инновационная, то есть специализация на отдельных банковских и парабанковских видах операций, операций. Инновационные, инвестиционные, сберегательные, ипотечные и так далее. И, наконец, очень существенная деталь, которой в настоящее время придается большое значение - это масштаб деятельности. Существенная характеристика, одна из самых существенных в настоящее время. Масштаб деятельности важен для развития всей банковской системы как параметр качественный. Качество развития системы сейчас зависит от размеров, от среднего размера банков, банковской деятельности. Поскольку масштаб очень неровный в настоящее время в банке, то и не равны их возможности по обслуживанию, по выполнению своих функций. Масштаб деятельности определяет возможность финансирования производственных, прежде всего, операций. Маломощные банки не могут рисковать своим капиталом, ну, по-большому, в проекте, где им надо вкладываться целиком. Малые проекты не устраивают общий характер развития экономики, не решаются проблемы, связанные с этим развитием. Поэтому нужны крупные банки, которые могли бы давать долгосрочные инвестиции на крупные проекты, на крупномасштабные операции. И вот эта качественная характеристика, рост масштабов банков, она является целевой для руководства банков. Это одна из основных характеристик, на которые обращают внимание. Рост масштаба. На это направлена вся организационная работа, которая осуществлялась в последнее время. Одним из рычагов, мощных рычагов воздействия на рост масштабов банков, это подстегивающая работа Центробанка. Подстегивает и стимулирует рост масштабов минимальный размер уставного фонда. Размер объявленного уставного фонда. Ну я скажу, эволюция, темп, ритм такого рода стимулирующих инноваций, указаний. Ну, значит, в решении Центробанка с 1 июля 93 года прошлого года уставной капитал определялся до 100 млн. рублей, минимальный уровень определялся 100 млн. С 1 марта 94 года эта минимальная планка была поднята до 2 млрд. рублей, до 2 млрд., и этим же постановлением была установленова планка, значит, в соответствии с ростом минимальных установок и капиталов в 1 млн. ECU. То есть в связи с тем, что это инфляция и обесценивание рубля очень быстро происходит, то для того, чтобы какой-то стандарт взять постоянным, то ввели эквивалент.

А: не доллар, а ECU.

... Нет, не доллар а ECU. Привязали к 1 млн. ECU. Вот. А к 1 июня, к 1 января 99 года уже есть такая установка: банки должны увеличить свой уставной капитал, минимальный уставной капитал до 5 млн. ECU. Это уже международный стандарт, который, практически, во всем мире во всех странах. И вот на этот международный стандарт, предполагается к нему подойти

в 99 году, то есть вывести размер банка вот на этот размер банка, его возможности определяются в основном его уставным капиталом. Минимальный
...

В: 5 млн. ECU.

млн. ECU для всех коммерческих банков, коммерческие банки специализированные и универсальные бывают. Вот, ну и в связи с этим вы можете уже четче понимать эту таблицу. Здесь дана динамика движения количества банков по разным весовым группам, вес определяется размером объявленного уставного фонда. Значит, в течение месяца происходила эта эволюция. Резко сократились, ну существенно за один месяц сокращение на 13 %, достаточно резкое сокращение, малое количества малых банков до 100 млн. рублей. Ну это было связано с постановлением, о котором я вам сказал, датированным июлем 93 года. Выросло число банков, скажем так, в среднем и нижняя, нижняя планка средних, средний, нижняя половина средних какая-то цифра. Существенно выше стало, стали увеличиваться выше, увеличение средних банков и крупных банков. Это увеличение было связано в основном с эмиссией, еще раз повторяю, возможность роста банков, отдельных банков в системе - это эмиссия ценных бумаг. Начало, конец прошлого года и начало этого года ознаменовались массовым объявлением приема ценных бумаг в банки. И вот за счет этого им удалось достаточно быстро, динамично наращивать свои уставные фонды и таким образом за один месяц произошел такой существенный ход в качественном смысле. Ну и для того, чтобы сопоставить общие увеличения на февраль, на 1 февраля 94 года было 2041 банк, а на 1 августа этого года 2351 банк. Вы можете представить как наращивают ...

В: Последние то есть с большим высоким уставным фондом.

Да, сразу начинают формировать уставной фонд.

В: Нет, вот, характер увеличения прежде всего за счет, вот, высокого уставного фонда?

Да, за счет этих, ну за счет таких банков происходит активизация. Возможности увеличить сразу, формировать банковские, банковские с большим фондом уставным фондом сейчас имеют производящие отрасли, те, которые не остановились и не разрушились, какая-то перспектива и возможность. Для того, чтобы обеспечивать собственные производственные нужды, их обслуживающий финансовый поток, они формируют эти банки, свои банки, собственные банки, карманные банки. Но они не всегда большие, это нефтегазодобыча, ресурсов нет, производство алюминия, производство меди, меди производство, старых крупных производителей имеют достаточно средств, чтобы пропускать банк, просто ну в силу масштабов пропускают

Глава 12. Лекция на экономическую тему

зарплату, скажем, крупные, крупнейшие предприятия. Уралмаш завод уже может обеспечить, ну деят... жизнеспособность, по крайней мере, банка. А если он еще и самостоятельно будет проявлять активность, то, можно сказать, что этому банку достаточно активно. Вот это то, что касается характеристики коммерческих банков. Ну во всяком случае, ну, по крайней мере, дающее представление о характере развития, о котором мы с вами говорим. И сейчас вот я хочу перейти к функциям Центробанка.

А: Извините у вас осталось 7-8 минут.

Я прошу прощения

А: ..перенести на завтра Это ничего?

Начнем с ... Все ли было понятно? Тогда я жду вопросов

В: Вот ассоциация, можно сказать, она является оппонентом Центробанку. Кто входит в эту ассоциацию?

Эту ассоциацию в свое время создал тот самый Медведев, о котором я говорил, который заседает в Думе, собственно думкает, они не реальные для нас, поскольку занимаются банковским законодательством. Они проходили достаточную подготовку в Бельгии, стажировку, хорошо подготовились.

В: Где? В Бельгии?

Да. Хорошо подкованы. Ну, кроме базы и экономическое образование, и хороших знаний математики, и все прочее, они освоили, ну, европейский стандарт, скажем так, организации банковской системы. Альтернативные системы Центробанку начали с формирования ассоциации банковской системы. Надо сказать, общественная организация, которая, своеобразный клуб, который включает, ну представителей, ведущих представителей крупных банков, коммерческих банков. Вот. Этот клуб функционирует достаточно постоянно, обеспечивает координацию, принимает решения и собрать из всех банковских структур, ну принимаются наиболее важные решения. Ну существуют ограниченный такой секретариат в Президиуме, такая ассоциация представителей банковской системы. Ну они собираются достаточно часто.

В: Можно сказать, что ассоциация не входят или они тоже туда входят?

... поэтому решения принимаются с их привлечением, причем рутина бывает, осталась. Классификация, такая нереализуемая классификация, специальные специалисты, которые формировали себя. Они косвенно подходят к исполнению своих обязанностей, но знания у них традиционные, коммерческих банков, ведь главный у них недостаток, у коммерческих, это отсутствие специалистов. К сожалению, предыдущий этап развития экономического образования, он не предполагал потребности, мощной взрывной потребности в специалистах, в специалистах по операциям банковской ... Сейчас вот банки на втором месте, у каждого из них уже привлекают в свой штат и выплачивают стипендии студентов с условием, что по окончании и ...

А: Покупают

... покупают. Ну это скорее потому, что банки выплачивают самую высокую зарплату. Поэтому банк, представители банка, они вносят свои знания, опыт, потому что поиск по производству проб и ошибок, он финансово себя не оправдывает, они не столь динамично, но они основательно, то есть они ... Поэтому они, эта их ассоциация сейчас являются главным оппонентом Центробанка.

Все банки, они традиционны в своей мысли, то есть они действуют по стереотипам и по технологии, которая была разработана еще в советское время. Но у нас ситуация резко изменилась поэтому те операции, которые сейчас, которые необходимо совершенно выполнять, чтобы остаться на плаву, они как-то игнорируют, вот. Работа с предприятиями привлекает их к предприятиям, поэтому более или менее часто могут формулировать, изобретать.

У нас сейчас проблема как раз самая, ну одна из самых острых, выпускать иностранные банки на российский рынок или нет, тут, как говорится, хочется ... и хочется, и колется. Дело в том, что иностранные банки обладают, ну, во-первых, массой капитала значительно большей, чем российские банки, и, во-вторых, квалификация иностранных специалистов в иностранных банках значительно выше российских. Ну это нам ассоциация российских банков предлагает вариант найти вот этот, так сказать, сдержать движение иностранных банков на российский рынок. Центробанк планирует, Центробанк за выход иностранных банков на российский рынок, мотивируя это тем, что увеличится ... и в связи с этим увеличится качество банковской работы и быстрее станут на европейский стандарт, работать по европейскому стандарту. И второй аргумент: иностранные банки внесут струю оживления. Это второй аргумент, которым они оперируют. Ну вот в связи с этим у ассоциации еще раз подробнее. Так, пожалуйста, еще вопросы.

Была проблема, наш знакомый председатель общества МММ, что-то такое и в связи с чем это произошло, общества МММ, он баллотировался в депутаты. Ну это очень интересный момент, и еще немножечко говорить о процессе, встряске двухнедельной давности, которая произошла во вторник. С чем это связано и ...

A: Я только повторяю, что завтра мы встретимся в 13.30 в аудитории номер 11 в Kolpinghaus. Пожалуйста, и не забудьте деньги. Спасибо большое.

Глава 13. Резюмирующие таблицы

Предлагаем два примера резюмирующих таблиц, которые могут быть использованы преподавателем может использовать при обобщении отдельных пунктов темы "Подготовка к устному выступлению" в качестве наглядных пособий. Для этого рекомендуется увеличить их и скопировать на пленку для кодоскопа. Также эти таблицы можно использовать как образец при составлении аналогичных материалов на другие темы.

vergrößern
Overheadfolie
Muster

Данные здесь таблицы являются адаптированным переводом иллюстративного материала, составленного на немецком языке В. Шнейдером (см. Schneider 1995).

Первая таблица иллюстрирует взаимосвязь между аудиторией, целями выступления, темой выступления и составлением главной части доклада, которая, в свою очередь, определяет особенности введения и заключения, как и потребности в применении технических средств и иллюстративных материалов. Графа, описывающая установку на слушателей, на учет их интересов и предварительных знаний не случайно помещена на самом верху таблицы!

Wechselbeziehung

Erfordernis

Einstellung
Berücksichtigung;
Vorwissen

Путь от рукописи, статьи, курсовой работы или от другого письменного текста до устного выступления весьма длинный и его трудно переоценить. Вторая таблица резюмирует отдельные шаги подготовки устного выступления после того, как подобран материал и подготовлено содержание.

Manuskript

überschätzen

Факторы, которые должны быть учтены при составлении доклада
(ср. Schneider 1995:10)

От приблизительной планировки к прочтению доклада

(ср. Schneider 1995: 70-71)

Проверить продолжительность доклада	- Произнести весь доклад - При нехватке времени сначала зачитать отдельные отрывки - Предусмотреть временной запас
Рукопись – Да или нет?	- Рукопись в портфеле не вредит - Как правило, следует говорить свободно, опираясь на графические материалы - Цитаты, данные и т.п. вы можете, конечно, читать по рукописному тексту - Читать обычный текст только в порядке исключения (например, очень важные короткие презентации)
Избыточность	- Слушатель вспоминает только 5-10% услышанного, поэтому избыточность необходима. Если же она гипертрофированна, доклад становится скучным - Избыточность достигается благодаря перефразам *(это значит, что ...; другими словами ...)*
Длина предложений	- Зависит от степени сложности доклада для слушателей, но ни в коем случае не дольше 10 секунд
Обеспечить структурированности	- Произносить название отдельных глав *(перехожу к второму пункту)* - Делать промежуточные резюме - Подчеркивать важные пункты словами *(особенно важно то, что.., обратим внимание на то, что ...)* и интонацией - Поддерживать важные пункты с помощью иллюстраций

Использовать дополнительную мотивацию	- Приводить удачные примеры из личного опыта, не забывая при этом о контакте со слушателями - Прибегать к помощи юмора только тогда, когда он действительно подходит и к вам, и к теме - Применять графические иллюстрации
Контролировать язык телодвижений	- Стоять, опираясь на обе ноги, расставив их слегка - Не ходить по помещению - Жестикулировать (но не слишком) - Поддерживать зрительный контакт со слушателем, глядя ему в глаза в течении 2-3 секунд
Реагировать на вопросы с места	- Вопросы прямо по содержанию доклада: либо сразу ответить, либо записать на пленку и ответить потом - Вопросы, не связанные прямо с содержанием доклада: приглашать на беседу во время перерыва, указывать специальную литературу

Список использованной и рекомендуемой литературы

Акишина, А., Формановская, Н.: Этикет русского письма. Москва, 1986.

Блажнов, Е.А.: Паблик Рилейшнз. Приглашение в мир цивилизованных рыночных и общественных отношений. Учебное пособие для деловых людей. Москва, 1994.

Васильева, А.Н.: Основы культуры речи. Москва, 1990.

Василенко, Е.И.: Сборник методических задач по русскому языку. Москва, 1990.

Даль, В.: Пословицы русского народа в двух томах. Т. 1. Москва, 1984.

Джей, Э.: Эффективная презентация. Пер. с английского Сиваковой Т.А. Минск, 1996.

Кожина, К.Н.: Стилистика русского языка. Москва, 1983.

Крылова, О.А.: Основы функциональной стилистики. Москва, 1979.

Лом, И.М. (составитель): Правила хорошего тона. Москва, 1993.

Морозова, Т.С.: Особенности литературной устной публичной речи (в сфере синтаксиса и построения текста). В кн: Разновидности городской устной речи. Отв. ред. Шмелев, Д.Н., Земская, Е.А. Москва, 1988, стр. 182-208.

Митрофанова, О.Д.: Научный стиль речи. Москва, 1976.

Никифорова, А.С.: Немецко-русский словарь по бизнесу. Москва, 1993.

Нистратова, С.Л.: Лексические средства выражения адресованности в устной научной речи. В сб.: Научная литература. Язык, стиль, жанры. Москва, 1985.

Практическое пособие по развитию навыков письменной речи. Москва, 1979.

Радзиевская, Т.В.: Слово судьба в современных контекстах. В кн.: Логический анализ языка: Культурные концепты. Москва, 1991, стр. 64-72.

Хойер В.: Как делать бизнес в Европе. Москва, 1992.

Шахнарович, А.М. (отв. ред.): Русский язык для иностранных специалистов-нефилологов. Беседы и дискуссии. Москва, 1990.

Шепель, В.М.: Имиджелогия: Секреты личного обаяния. Москва, 1994.

Berdičevskij, A.: Russisch verhandeln. Praktische Übungen mit Audiokassette, Wien, 1994.

Bernstein, D.: Die Kunst der Präsentation. Wie Sie einen Vortrag ausarbeiten und überzeugend darbieten, Frankfurt a.M. - New York, 1991.

Kappel, G.; Rathmayr, R.; Diehl-Želonkina, N.: Verhandeln mit Russen, Wien, 1994².

Maro F.: Sicher präsentieren. So überzeugen Sie bei Vorträgen, Konferenzen, Workshops und Meetings. Mit Diskette: Folien-Gestaltungsprogramm, Düsseldorf - Wien - New York - Moskau, 1994.

Rathmayr, R. u.a.: Fachwörterbuch Marktwirtschaft. Deutsch-Russisch mit Glossar Russisch-Deutsch, Stuttgart - Dresden, 1993.

Schneider, W.: Informieren und Präsentieren. Eine Einführung in die Präsentationstechnik für Erwachsenenbildner, Hochschullektoren und Oberstufenlehrer, Wien, 1995.

Seyr, B.; Aumayr, M.; Hoyer, W.: Russische Handelskorrespondenz, Linz, 1995.